Infância,
palavra de risco

PUC
RIO

Reitor
Pe. Josafá Carlos de Siqueira SJ

Vice-Reitor
Pe. Anderson Antonio Pedroso SJ

Vice-Reitor para Assuntos Acadêmicos
Prof. José Ricardo Bergmann

Vice-Reitor para Assuntos Administrativos
Prof. Ricardo Tanscheit

Vice-Reitor para Assuntos Comunitários
Prof. Augusto Luiz Duarte Lopes Sampaio

Vice-Reitor para Assuntos de Desenvolvimento
Prof. Sergio Bruni

Decanos
Prof. Júlio Cesar Valladão Diniz (CTCH)
Prof. Francisco de Guimaraens (CCS)
Prof. Sidnei Paciornik (CTC)
Prof. Hilton Augusto Koch (CCBS)

Rosana Kohl Bines

Infância,
palavra de risco

EDITORA

EDITORA PUC RIO

Editora PUC-Rio
Rua Marquês de São Vicente, 225, Casa da Editora PUC-Rio
Gávea | Rio de Janeiro | RJ | CEP 22451-900
Telefone: (21)3527-1760/1838
edpucrio@puc-rio.br
www.editora.puc-rio.br

CONSELHO GESTOR DA EDITORA PUC-RIO
Augusto Sampaio, Danilo Marcondes, Felipe Gomberg, Francisco de Guimaraens, José Ricardo Bergmann, Júlio Cesar Valladão Diniz, Sergio Bruni e Sidnei Paciornik.

EQUIPE DA EDITORA PUC-RIO
COORDENAÇÃO EDITORIAL: Felipe Gomberg
EDIÇÃO: Livia Salles
PRODUÇÃO EDITORIAL: Tatiana Helich

Editora Numa

EDIÇÃO: Adriana Maciel
PRODUÇÃO EDITORIAL: Marina Mendes
REVISÃO: Laryssa Fazolo
PROJETO GRÁFICO: Mari Taboada
DESENHO DE CAPA: Luiza Mitidieri

Sumário

- 7   *Apresentação*: Temporalidades suspensivas, por Leila Dazinger
- 13 Primeiras palavras
- 17 Um corpo que cai
- 33 A grande orelha de Kafka: escutas cruzadas entre Walter Benjamin e Mário de Andrade
- 71 Anne Frank, uma conversa infinita
- 87 Esconde-esconde com a morte: contratempos
- 103 No precipício da língua
- 119 Pela voz de um menino
- 133 Escrever no galope da infância
- 159 Aparecer, desaparecer. Assombrações com Boltanski e Benjamin
- 183 Quero te contar lisamente
- 197 Histórias invisíveis
- 213 Riso exterminador
- 231 Palavras em queda livre
- 245 Xadrez contra a ditadura
- 271 *Referência dos textos*

APRESENTAÇÃO
Temporalidades suspensivas

Leila Dazinger

Em sua aula de 12 de janeiro de 1977, com a qual inaugura o curso *Como viver junto*, Roland Barthes lembra uma cena que reúne mãe e filho, vistos pela janela. A mãe leva a criança pela mão e empurra um carrinho vazio à sua frente. Ela segue em seu passo, sem perceber que o garoto é arrastado, obrigado a correr a seu lado.[1] Silencio as metáforas que o autor utiliza para descrever os efeitos da violência do passo da mãe sobre os do filho, não compactuo de certo maniqueísmo em sua abordagem, mas retenho sua conclusão: "Ela vai em seu ritmo, sem saber que o ritmo do garoto é outro". No livro de Rosana Kohl Bines, é a criança que nos leva, ou melhor, a infância, seu ritmo, nossas infâncias. "Para onde as infâncias nos arrastam na correria?", pergunta ela, afirmando e desdobrando em diferentes momentos, o enunciado de que a infância não coincide com a criança, não é "um estado puro e apartado do mundo adulto", mas uma "força especulativa acerca de certas experiências liminares".

---

1. R. Barthes, *Como viver junto*, trad. Leyla Perrone-Mosés, São Paulo: Martins, 2013, p.19

Os treze ensaios aqui reunidos são um convite para a escuta dos diferentes ritmos e temporalidades que animam essa força especulativa chamada infância, e seguimos numa correria atenta aos nossos próprios ritmos, aqueles que nos constituem de modo subterrâneo, os esquemas espaciais herdados de outros tempos, que sobrevivem em todos nós, em sobreposição, e anunciam futuros. Encontramos aqui, em inúmeros romancistas, ensaístas, filósofos e também artistas visuais, os meios para perceber compassos esquecidos e nos lançarmos na correria, mesmo que em câmera lenta, como tão bem sabe Rosana, ao demorar-se nas leituras com sua escrita tão envolvente quanto exata, finamente modulada pela reflexão e pelo encantamento.

Mas volto à mão dada entre mãe e filho, essa mão que leva, conduz, arrasta a criança, observada por Barthes. O tema de levar pela mão é abordado no ensaio "O precipício da língua", ao longo de uma preciosa e surpreendente reflexão sobre a emancipação, que passa por Lyotard e sua leitura do sacrifício de Isaac. Surge ali uma defesa da interdependência, da mão dada, da filiação, da "entrega à incerteza de um chamado que vem de fora", da negociação de ritmos e pactos. Ao longo dessa argumentação, ouvi subitamente, como um murmúrio em coro (as balbúcias, as línguas nascentes e menores são centrais nas reflexões de Rosana), o bordão, hoje adormecido e desativado, mas que conserva a potência de um apelo autêntico: "ninguém solta a mão de ninguém". O que está em jogo, literalmente em jogo desde as infâncias, não é a conquista de um estado de liberação tão falacioso quanto inalcançável, mas a construção de acordos tensamente compactuados, o estabelecimento de compassos capazes de coordenar os ritmos – individuais e coletivos (familiares, comunitários, nacionais) – que criamos, não apenas entre os vivos, mas em encadeamentos que envolvem as gerações passadas, afinal, sabemos bem, nem os mortos estão a salvo.

Já que a autora convidou alguém das artes visuais para apresentar seus escritos, faço uma proposta de edição imaginária envolvendo uma foto de Mário de Andrade, analisada por ela, em que vemos o escritor modernista cercado por um grupo de crianças no Parque Infantil Dom Pedro II, na capital paulista. Vejo nessa imagem a função de epigrama visual em relação ao livro como um todo, pois a foto, sob o olhar de Rosana, materializa uma comunidade de transmissões. O poeta se curva, situando-se ativamente na escuta daquelas crianças de diferentes origens: "Certa atmosfera de sussurro e segredo emana da imagem que sugere uma espécie de parênteses, uma bolha espaço-temporal." Em sua leitura, Rosana fabula a sonoridade da foto, amplia sua função imaginante, sua força emancipatória. "Cria-se um outro ouvido ao ouvir a língua rumorejar na boca das crianças?", pergunta ela.

A leitura do livro de Rosana Kohl Bines nos implica em um trabalho contínuo de interpretação sonora, na tensa tarefa de nos tornarmos "testemunhas auriculares" do ínfimo, do esquecido e também do que há de vir. Lemos e pouco a pouco sentimos a concha de nossas orelhas crescer, para usar aqui a imagem tão sugestiva e potente que ela constrói a partir de uma foto de Kafka, e também, como diz, ao ouvir uma amiga pesquisadora, que por sua vez muito ouviu Walter Benjamin. Nessa sucessão de alianças e transmissões, contaminados pela alegria grave que percorre essas páginas, nos inscrevemos. Em nossos ouvidos, as infâncias tilintam, num coro crescente que reúne o vivo e o inanimado. São muitos os timbres, as texturas e também as idades das infâncias ouvidas nestes ensaios: Oscar Schell e seu pandeiro; Anne Frank e a tagarelice arduamente conquistada diante de seu professor; um menino-soldado, compreendido junto à figura do tradutor; e, claro, Franz e sua grande orelha. Sem falar nas crianças que a pesquisadora encontrou em suas experiências de leitura no Instituto Benjamin Constant, crianças que experimentam o visível numa miríade de gradações. No ensaio "Histórias invisíveis", vemos a narradora, em amplas salas de janelas altas, saltar e cair, morrer e renascer muitas vezes nas histórias que conta, e no relato, efetivamente sinestésico, da experiência de ler em voz alta. Ela constrói uma temporalidade ampla ao implicar sua bisavó Rosa, espécie de madrinha dessas leituras, e nos contar como construiu uma voz modulada pelas demandas singulares dessas crianças cegas e, também, pelo movimento constitutivo da reflexão.

    Escondida, como a criança que "atrás das cortinas torna-se ela própria algo de esvoaçante e branco", Rosana ouve também jogos, brinquedos e as sombras que o artista Christian Boltanski instala nas fachadas de uma pequena cidade francesa. O artista cria um delicioso percurso fantasmagórico e desaparece por sua vez, eclipsando-se de seu protagonismo artístico, e deixando aos moradores da cidade a tarefa de cuidar e expandir, no futuro, se assim o desejarem, aquele percurso feito de silhuetas precárias. Não há dúvidas, Boltanski é um grande artista dos limiares, das transmissões, do desaparecimento. E se as infâncias nesse livro possuem uma tarefa vigorosamente especulativa, aproximando-nos do que não cessa de nascer, elas são também a figura de nossa relação com a morte. Não é à toa que os personagens infantis dos contos e romances analisados são espécies de testemunhas de eventos extremos do século XX e XXI: a Shoá, as ditaduras da América Latina, as torres gêmeas e os rescaldos do mundo pós-colonial. Como compreender a alta taxa de mortalidade infantil na literatura, pergunta Rosana, numa reflexão em que precisamos retomar o fôlego. Essas infâncias interrompidas seriam signos paradoxais do desejo mesmo de interromper a própria passagem do tempo, aventa a autora, entre outras hipóteses, que colocam a infância sob o signo da aporia: nunca tomamos plenamente posse dessa temporalidade suspensiva.

A certo momento do livro, a autora faz uma dobra em sua reflexão voltando-a sobre si mesma. E aqui também faço uma dobra, uma mudança de tratamento, dirigindo-me à pesquisadora-e-amiga. Admiro muito seu "Alto lá", sua disponibilidade em tomar distância e encarar o próprio percurso reflexivo. Considero particularmente preciosas suas ressalvas e advertências, que tomo como um roteiro das ameaças que assombram nossos campos investigativos. Mas, querida Rosana, por que será que não me lembro de encontrar no livro de nenhum de nossos colegas pesquisadores homens um movimento auto reflexivo dessa natureza, que enumere os perigos a rondar a própria investigação e toda e qualquer pesquisa no campo da literatura e das artes? Não saberia elaborar esse desconforto que passa pelo campo de uma outra agenda teórica. E, novamente, insisto, como você convidou alguém das artes visuais para apresentar seu livro, digo ao final o que pensei, de modo talvez brutal, desde o primeiro contato com esses seus ensaios, ou mesmo antes, desde esses anos em que acompanho suas reflexões e pesquisas: entendo as infâncias, o modo como você as faz vibrar no campo inventivo, como outra forma de dizer *arte*.

LEILA DANZIGER

Primeiras palavras

Rosana Kohl Bines

Entre 2006 e 2010, participei do projeto temático de pesquisa *Escritas da Violência*, coordenado por Márcio Seligmann-Silva, Jaime Ginzburg e Francisco Foot Hardman. Do convívio estimulante com pesquisadores de diferentes instituições do Brasil e do exterior nasce o gérmen deste livro. Agradeço aos colegas do projeto pelo impulso e impacto daquele fórum na elaboração de vários textos que compõem *Infância, palavra de risco*. Mas as raízes deste livro são ainda mais remotas. Agradeço à Eliana Yunes, com quem comecei a entrelaçar literatura e infância, tão logo iniciei a graduação em Letras na PUC-Rio nos longínquos anos 1980. À comunidade intelectual e afetiva do Departamento de Letras e do Programa de Pós-Graduação em Literatura, Cultura e Contemporaneidade da PUC-Rio, alunos, professores e funcionários, muito obrigada! As inquietações que correm nestas páginas brotaram também do cotidiano de encontros, trocas e mútuo suporte entre nós. Foi sobretudo no chão das salas de aula, no torvelinho de ideias com alunos e orientandos na graduação e na pós-graduação, que o pensamento foi se fazendo. E foi graças também à interlocução ampliada em outros espaços acadêmicos dentro e fora da PUC-Rio, congressos, seminários, encontros de pesquisa, minicursos, que os ensaios aqui reunidos tomaram forma. Agradeço especialmente aos colegas da Cátedra UNESCO de Leitura e da Cátedra Sérgio Vieira de Mello da PUC-Rio, assim como aos colegas do Curso Trajetórias Judaicas no Rio de Janeiro (PUC-Rio/MAR) que, de diversas maneiras, propiciaram oportunidades de pensar cruzamentos entre literatura e infância. Veio de Adriana Maciel a proposta de reunir em livro alguns dos meus textos ao redor da infância, que se encontravam dispersos em diferentes publicações. À ela, à Marina Lima Mendes e à toda equipe da Numa Editora, meu agradecimento. É uma alegria contar também com a parceria e apoio da editora da universidade onde atuo. Obrigada Felipe Gomberg, Tatiana Helich e equipe da Editora PUC-Rio. Ao CNPq pelos importantes apoios ao longo da minha trajetória acadêmica, na forma de bolsas de mestrado, doutorado, pós-doutorado e produtividade em pesquisa. Gratidão especial à Marília Librandi e à Leila Danziger cujas, palavras emolduram este livro e por desenharem, em volteios de filigrana, paisagens que eu nem sabia ter escrito. Nas páginas que seguem, vibra também a presença dos meus pais. Perto deles, tudo fica melhor. Por fim, minha gratidão às crianças, com quem aprendi a reconhecer as turbulências da palavra infância – seus abismos e mirantes. Fui atravessada por elas em diferentes tempos e lugares. Na Casa Maternal Mello Mattos, na Biblioteca Infantil Manoel Lino Costa, na Biblioteca do Vidigal, no Instituto Benjamin Constant, no Rio de Janeiro e, mais recentemente, nas barracas e abrigos de refugiados venezuelanos em Boa Vista, Roraima. Em todas estas situações, a literatura esteve também presente, na partilha de histórias que chegavam pelos livros e, também, pela boca dos pequenos narradores. Na presença daquelas crianças, o espanto de encontrar uma prontidão irrefreável para jogar com as reviravoltas e recomeços da vida, em contextos nem sempre favoráveis. Porém, salvo um pequeno ensaio sobre contação de histórias junto a crianças com deficiência visual, este livro não é composto de relatos de experiências. Não se tenta aqui uma reflexão *sobre* crianças de carne-e-osso, mas certamente vem delas o empuxo que me lança na direção dos textos literários para pensar as infâncias como acontecimentos discursivos arriscados, que cada narrativa põe em cena à sua maneira, ao abrir-se à força das línguas menores. Observar a ação de idiomas nascentes, que ousam dizer que ainda não sabem falar. No penhasco da língua, as crianças desabam em disparada e tomam a rua principal do texto, fazendo escarcéu num galope forte, como descreve Kafka. "Nada poderia nos deter," elas bradam, suspensas no vento pelos quadris. Para onde as infâncias nos arrastam na correria? Que acessos desobstruem ao desencaminhar a língua articulada, nas cercanias do grito ou do balbucio? Quais desenredos as infâncias propiciam? Que atalhos e esconderijos cavam na escrita, quando ameaçadas de extinção? E que perigos corremos, nós leitores, ao corrermos com as crianças no terreno acidentado em que elas transformam os textos? Arriscaríamos compor com elas outros inícios? Pronunciar com elas as frases que ainda irão nascer? Respirar a vida com a gana de quem puxa o ar pela primeira vez? Comecei a rascunhar algumas destas perguntas, quando meus filhos ainda eram crianças e foi também perto deles que as perguntas cresceram. Danilo e Luiz são hoje jovens adultos. Os ensaios deste livro, escritos entre 2007 e 2021, testemunham a passagem apressada dos anos. E a demora do amor. Num quarto antigo, perdido no tempo, reencontro os dois na hora de dormir. Estão deitados na bicama e ajudam a passar as páginas do livro de histórias que o pai lê em voz alta e a mãe escuta furtivamente do corredor. Este livro é para eles também.

Um corpo que cai

Na página de abertura do livro *Extremamente alto & incrivelmente perto*, do escritor norte-americano Jonathan Safran Foer, em tradução de Daniel Galera, passamos a conhecer o narrador precoce do romance: Oskar Schell tem 9 anos, se veste apenas de branco, toca pandeiro, coleciona moedas raras e memorabilia dos Beatles, estuda francês e é fã do cientista Stephen Hawkings. Quando começa a história, o menino está a caminho do cemitério para sepultar o caixão sem corpo do seu pai, morto na queda de uma das torres gêmeas em 11 de Setembro de 2001. Disto saberemos um pouco mais tarde. Este centro nervoso do enredo é postergado e precedido por uma coleção de frases torrenciais, cujo efeito produz uma imagem acústica precisa deste pequeno narrador tagarela e petulante, que matraqueia quase que ininterruptamente as 360 páginas do livro. Eis o início da narrativa:

> E que tal uma chaleira? E se o gargalo abrisse e fechasse quando o vapor saísse, funcionando como uma boca que pudesse assobiar melodias bonitas, recitar Shakespeare ou simplesmente rachar o bico junto comigo? Eu poderia inventar uma chaleira que lesse com

a voz do Pai para me fazer dormir, ou talvez um conjunto de chaleiras que cantasse o refrão de "Yellow submarine", que é uma música dos Beatles, que é uma banda que eu adoro porque a entomologia é uma das minhas raison d´être, que é uma expressão em francês que eu conheço. Outra coisa boa seria se eu pudesse treinar meu ânus para falar quando eu peidasse. Se quisesse ser extremamente hilário, eu o treinaria para dizer "Não fui eu!", toda vez que soltasse um peido incrivelmente forte no Salão dos Espelhos, que fica em Versalhes, que fica nos arredores de Paris, que fica na França, obviamente, meu ânus diria "Ce n´était pas moi!"

E que tal microfones pequenos? E se todo mundo os engolisse, e eles tocassem o som de nossos corações em pequenos amplificadores que poderiam ficar nos bolsos de nossos macacões? Quando andasse de skate pela rua, à noite, você poderia escutar os batimentos cardíacos das outras pessoas e elas poderiam escutar os seus, tipo um sonar. O estranho seria se o coração das pessoas começasse a bater ao mesmo tempo, como as mulheres que moram juntas e têm seus períodos menstruais ao mesmo tempo, que é uma coisa que eu sei, mas não fazia questão nenhuma de saber. Seria muito estranho, com exceção do lugar no hospital onde os bebês nascem, que soaria como um candelabro de cristal em uma casa flutuante antes que os bebês tivessem tempo de alinhar seus batimentos. E a linha de chegada da Maratona de Nova York pareceria uma guerra.

Além disto, existem diversas situações em que é necessário escapar rápido, só que os humanos não possuem suas asas, pelo menos por enquanto, então que tal uma camisa feita de alpiste?[1]

---

1. J.S. Foer, *Extremamente alto & incrivelmente perto*, tradução de Daniel Galera, Rio de Janeiro: Rocco, 2006, p. 11.

A produção exuberante de enredos alternativos, encabeçados pela clássica expressão infantil "e se", aciona na língua uma espiral expressiva que vai agregando ao longo do livro não apenas palavras, mas também números, rabiscos gráficos, fotografias, mapas, recortes da internet, cartões de visita, que o menino coleciona e arquiva em seu caderno, espécie de *scrapbook* ou álbum-miscelânea, composto de materiais e suportes diversificados, cuja exibição errática ao longo das páginas do livro propicia ao leitor uma ampliação no campo da experiência da linguagem.

Por experiência ampliada de linguagem eu me refiro, de forma mais imediata, ao contato com a textura sensível de certos acontecimentos ou afetos, que a narrativa torna palpável ao criar junto com as ferramentas da infância, como o lápis de cor, a cola e a tesoura. Decerto esta dimensão material do relato alarga aquilo que podemos ver e sentir no processo de leitura. Mas o que me parece ainda mais vital como operador de mudanças na percepção do que lemos é a natureza aberta e modificável das ações da criança sobre seu caderno. Oskar acrescenta, subtrai, rasura, superpõe e reposiciona os materiais, embaralhando pistas de sentido e tornando mais complexo o trabalho de leitura de imagens e enredos cambiantes. A imaginação do que virá depende da atenção microscópica do leitor sobre pequenos movimentos narrativos que armam e desarmam a paisagem do possível a cada virar de páginas, como nos caleidoscópios da infância. O grau de imprevisibilidade do enredo se torna, assim, altíssimo nas mãos do narrador-criança, já que o universo fabular se constrói pela atuação irrequieta do menino junto aos seus artefatos de criação. Em jogo nesta dinâmica inventiva com as páginas do caderno, está o imperativo, impossível e desejado, de reverter a morte do pai, de recontar a história de outro modo e alcançar assim um desfecho diferente.

Para pensar com mais densidade a relação entre catástrofe e fabulação, faremos um excurso à obra de Jacques Rancière. Quando reencontrarmos o pequeno Oskar ao final deste desvio, poderemos dimensionar melhor as estratégias que confecciona para levantar o corpo do pai (já que "os humanos não possuem asas") e remontar a cena da queda fatal com a força do jogo e da arte.

O olhar não sabe antecipadamente o que vê

...do mesmo modo que o pensamento não sabe o que deve fazer com o que é visto. A formulação é de Jacques Rancière no ensaio "A imagem intolerável" do livro *O espectador emancipado* e define para o pensador os critérios elementares do que ele chama de "uma outra política do sensível", fundada na resistência do visível à determinação do sentido, e por conseguinte, na impossibilidade de definir previamente os efeitos do que é exibido.[2] Trata-se de questionar a cadeia automática entre realidade, representação e significação que alimenta certo modo de pensar a literatura e seus limites, aquilo que ela é capaz ou não de dizer e de suscitar.

O ataque de Rancière incide sobre a noção do irrepresentável em arte, que diz que certos eventos, por força de sua materiali-

---
2. J. Rancière, "A imagem intolerável", in *O espectador emancipado*, Lisboa: Orfeu Negro, 2010, p.153.

dade extrema, arruinariam qualquer esquema de inteligibilidade e inviabilizariam qualquer figura de comparação que pudesse ser comensurável à dimensão bruta do acontecimento. Ao dizer que algo é irrepresentável afirma-se, em última instância, que há eventos que estariam fora de processos de exibição e de significação. Parte da argumentação é montada sob a forma de crítica ao já muito comentado filme Shoá de Claude Lanzmann, um documentário de 9 horas e meia sobre o Holocausto, em que não se vê qualquer imagem histórica do evento. Não se mostram corpos empilhados, cercas de arame farpado ou fornos crematórios. O passado comparece à tela apenas por meio do testemunho dos sobreviventes, de suas palavras atuais, confrontadas com o desaparecimento dos locais de extermínio, filmados no tempo presente, em que sobressaem paisagens "limpas" dos escombros da guerra e cruelmente indiferentes aos tremores do que se narra.

O ascetismo visual deste filme consolidou uma espécie de paradigma estético desejável à representação de eventos-limite. Como se o impensável do evento – o extermínio em escala industrial – instalasse uma lacuna no pensamento e na capacidade de figurar a cena. E como se a única forma de honrar verdadeiramente o relato, de manter-se fiel ao horror, fosse apresentar este vazio representacional, na contramão das imagens que iludem o espectador de que é possível de fato imaginar o ocorrido. Ao fim e ao cabo, a lógica do irrepresentável converte-se numa política seletiva das formas mais apropriadas para se contar determinados eventos. A "boa representação" do extermínio seria a representação do irrepresentável, sua exposição extremada na tela. Rancière flagra aí uma contradição de base: a noção do irrepresentável implica, por um lado, a recusa radical à correspondência entre formas representativas e certas realidades extremas. Por outro, reivindica que alguns eventos só podem ser ditos de certa maneira, por uma linguagem adequada à excepcionalidade do acontecido. Rancière considera incompatível a manutenção simultânea de ambas as premissas e questiona como seria possível pleitear a abolição da representabilidade das formas e, ao mesmo tempo, pleitear formas mais adequadas à representação. Em outro ensaio intitulado "Se o irrepresentável existe?", publicado no livro *O destino das imagens*, Rancière aborda a questão pela análise comparativa de duas passagens literárias de natureza absolutamente díspares. De um lado, a parte inicial do tocante livro *A espécie humana* de Robert Antelme, companheiro da escritora Marguerite Duras. No trecho destacado por Rancière, o autor narra o silêncio sepulcral no campo de concentração de Buchenwald para onde fora deportado após operação fracassada de que participava como combatente da resistência francesa ao governo fascista de Vichy. De outra parte, um curto trecho de Madame Bovary de Flaubert, em que se narra um encontro silencioso entre os personagens Charles e Emma.

Ao equiparar ambas as passagens, Rancière argumenta que a linguagem que conta a desumanização nos campos e a linguagem que conta o enlevo amoroso entre o futuro casal obedecem aos mesmos padrões sintáticos e rítmicos. Trata-se de escritas paratáticas, feitas de períodos curtos e simples, que se sucedem sem conjunções conectivas, imprimindo aos relatos um mesmo esquema de rarefação discursiva. A experiência-limite dos campos de extermínio, vivida e descrita por Antelme, e a experiência sensório-afetiva inventada por Flaubert para Charles e Emma seriam conduzidas pela mesma estratégia de escrita de micro-

-percepções que tendem ao silêncio, ao evocarem experiências visuais e acústicas mínimas. Em Antelme, conhecemos a noite muda e gelada no campo pelo barulho diminuto dos homens mijando nas latrinas, pelo vapor que dali emana e pelo trajeto silencioso dos cães que fazem a ronda noturna, mas não latem, conforme sublinha Rancière. Em Flaubert, percebemos a qualidade atmosférica do silêncio que enlaça Charles e Emma pela descrição do pequeno punhado de poeira que o vento levanta por debaixo da porta, enquanto lá fora na fazenda uma galinha cacareja bem ao longe.[3]

Nos dois casos, Rancière argumenta que está em ação a mesma operação estética para produzir o efeito do silêncio: fazer coincidir sentimentos humanos e matéria inumana – objetos, bichos e fenômenos da natureza, – promovendo uma identidade entre opostos absolutos. Para contar a experiência do aniquilamento, da redução da vida aos seus elementos mais básicos – mijar, respirar, deitar, sentir frio, sentir fome – Antelme não se depararia com a impossibilidade da representação, com o irrepresentável *per se*, mas com o fato de que não há língua particular para contar a cena. Quando o testemunho busca uma linguagem para dizer o inumano, segundo Rancière, encontra uma linguagem já constituída do tornar-se inumano, uma linguagem que identifica emoções humanas à passividade da matéria inerte. A noção de irrepresentável só faz sentido para Rancière na afirmação de que nada pode ser dito em sua própria língua particular. Esta desautomação entre o fato e a linguagem

---

3. J. Rancière, "A imagem intolerável", in *O espectador emancipado*, Lisboa: Orfeu Negro, 2010, p. 124-126.

disponível para dizê-lo abre um leque amplo de possibilidades de representação, enseja mais alternativas de produção de equivalências, mais meios de tornar presente o ausente, de acordo com o filósofo. Nesta direção, se seguimos com Rancière um pouco mais, o espaço ficcional se define como abertura radical do jogo estético às formas de dizer. Se não existe relação estável e previsível entre realidade, representação e significação, é possível postular então um princípio de identidade absoluta entre opostos. Para Rancière, a forma apropriada para representar determinada cena pode ser também a forma inapropriada, visto que não há regras intrínsecas de aceitabilidade entre temas e formas e que não há nada na natureza mesma dos eventos que prescreva ou proíba qualquer forma artística.

Brincar de vida e morte

Tal proposição de máxima reversibilidade entre opostos, em que uma forma pode vir a assumir o seu reverso radical, é posta em prática pelo pequeno Oskar num momento climático da narrativa, em que o menino decide rasgar as folhas do seu caderno e reordená-las ao revés, invertendo a ordem de um grupo de fotografias em preto-e-branco, que mostram um corpo avulso despencando de uma das torres gêmeas em Nova Iorque. A sequência de fotos do corpo que cai evoca uma foto tirada por Lyle Owerko em 11 de Setembro. Esta foto teve enorme impacto no campo das artes, inspirando o documentário 9/11 The Falling Man (2006) do cineasta norte-americano Henry Singer, além de servir de ponto de partida para o romance de

Don Delillo *The Falling Man* (2007). Uma foto similar tirada por Richard Drew foi publicada no próprio dia da catástrofe no jornal The New York Times e em inúmeras outras publicações internacionais, provocando uma grande grita de protesto, que gerou uma discussão de cunho ético acerca do que se deve ou não mostrar publicamente. Diante do tabu da imagem, parece-me estratégico que o romance de Foer utilize um personagem criança como álibi para exibir a foto em suas páginas finais. O que era proibido ou impensável no mundo dos adultos torna-se possível no domínio infantil, graças à "irresponsabilidade" da criança, que não pode ser culpabilizada por seus atos "sem juízo". A infância assume aqui uma força transgressiva, capaz de burlar as leis e sanções do mundo adulto, para dar visibilidade àquilo que de outra forma permaneceria oculto. Assim como na clássica história "A Roupa Nova do Rei", de Hans Christian Andersen, Oskar Schell é aquele menino que pode apresentar a verdade e dizer que o rei está nu, porque tem a seu favor todo um imaginário construído sobre o caráter eminentemente ingênuo e inconsequente da infância. Se por um lado, no campo jurídico, a criança não pode se valer de sua palavra para dar testemunho,[4] desqualificada por sua minoridade, na ficção de Foer, ao contrário, a criança é dona de sua palavra, de seu caderno e de suas ferramentas de corte-e-colagem. Pela fabulação inventiva, Oskar testemunha de forma vigorosa a dor pela perda do pai, através da força vivificante da arte, na produção de uma reviravolta na cena do corpo que cai.

---

4. L. A. Castello e C. Mársico, *Oculto nas palavras. Dicionário etimológico para ensinar e aprender*, Belo Horizonte: Autêntica, 2007, p. 52.

Ao recompor a sequência de fotos ao revés, Oskar confecciona um pequeno *Flipbook*, espécie de cineminha de bolso em forma de livreto, em que cada página contém uma imagem ligeiramente diferente da anterior. Quando folheadas com rapidez, dão a sensação de movimento. O corpo levanta voo, desafia a lei da gravidade e o terror, fazendo subir a vida no lugar da morte, pela ação lúdica e leve de correr o polegar rapidamente pelas folhas. Vida e morte numa relação de radical reversibilidade ao alcance dos dedos, numa experimentação tátil que é vital, na medida em que o próprio gesto de folhear produz um vento que ajuda a soprar o corpo para o alto. Neste ponto em que o ato de ler emula o brincar e o manusear, e já não se distingue também do ver, do sentir e do significar, a narrativa atualiza com vigor a simultaneidade e a permutabilidade destes modos de experimentar a obra, graças à condução desmedida do narrador-criança, que não hesita em substituir *o que é* pelo que *poderia ser*.

No plano discursivo, o pequeno recurso retórico que faz acontecer esta mágica de virar o mundo de ponta a cabeça é o uso do modo condicional. A expressão "e se", que encontramos no parágrafo de abertura do livro, volta com força para alterar a paisagem do possível, num movimento narrativo que atualiza no agora o inatual, confluindo temporalidades e espaços discrepantes, injetando a vida no tempo e no local da catástrofe.

Neste ponto, a narrativa busca perfazer em linguagem verbal a trajetória reversa do corpo, desdizendo a sequência de frases que contam a morte do pai naquele dia derradeiro. Mas não se trata de equivalências perfeitas. A linguagem verbal se encarrega de descrever justamente aquilo que as fotos apenas começaram a contar. A relação entre imagens e palavras não é aqui mimética ou especular. A narrativa não faz legenda para as fotos, mas atualiza a porção linguística das imagens. Nos termos de Deleuze, diríamos que as frases remontadas por Oskar acionam um devir-linguagem nas fotografias, um texto ainda por vir. Em contrapartida, as palavras possuem uma dimensão forte de visualidade e se deixam contaminar pela sequência fotográfica, internalizando, no ritmo do relato, na disposição paratática das frases avulsas, uma por parágrafo, o modo de apresentação das vinhetas visuais que compõem o *Flipbook*. Neste vai-e-vem entre palavras e imagens, o que se torna visível na leitura são os próprios deslocamentos – não só os deslocamentos do corpo para cima ou para baixo, dependendo da direção em que se folheiam as páginas, mas os deslocamentos e fluxos entre linguagem verbal e visual. As palavras sugam energia das fotos e vice-versa, fazendo aparecer o devir-verbal das imagens e o devir-visual das palavras:

> Quando virei as páginas rapidamente parecia que o homem estava flutuando para cima no céu.

> E se eu tivesse mais fotos, ele flutuaria para dentro de uma janela, voltaria para o prédio, e a fumaça seria sugada pelo buraco de dentro do qual o avião logo mais sairia.

> O pai deixaria suas mensagens ao contrário, até que a secretária ficasse vazia, e o avião se afastaria dele voando ao contrário, até chegar a Boston.

> Ele pegaria o elevador até a rua e apertaria o botão do último andar.

> Caminharia de costas até o metrô, e o metrô iria de ré pelo túnel, de volta à nossa estação.

O Pai atravessaria de costas a roleta, depois passaria seu cartão do metrô ao contrário, depois caminharia de costas para casa enquanto lia o *New York Times* de trás para a frente.

Cuspiria café em sua caneca, desescovaria os dentes e colocaria pêlos no rosto com a lâmina de barbear.

Voltaria para a cama, o alarme soaria ao contrário e ele sonharia ao contrário.

Depois ele acordaria novamente no fim da noite que antecedeu o pior dos dias.

Ele andaria de costas até o meu quarto, assobiando "I am the Walrus" ao contrário.

Entraria na cama comigo.

Olharíamos para as estrelas no teto do meu quarto e elas puxariam de volta a luz de nossos olhos.[5]

Palavras finais (ou apenas começadas)

A reflexão esboçada até aqui pretende, de forma preliminar, colocar a infância na roda de discussão dos estudos literários, ao pensá-la como *Denkbild* ou "imagem de pensamento", no sentido benjaminiano. Nesta direção, pensar a infância como figura literária significa percorrer os modos como a ficção materializa um saber e insufla o pensamento. Não se trata, pois, de estudar

---

5. J.S. Foer, *Extremamente alto & incrivelmente perto*, tradução de Daniel Galera, Rio de Janeiro: Rocco, 2006, p. 359-360.

as representações da criança na literatura, mas de perceber a infância como método fabulador-especulativo, como procedimento da ordem do discurso, figura ou *tropo* desencadeador de uma prática inventiva e reflexiva em linguagem. Assim, o que parece emergir das páginas de *Extremamente alto & incrivelmente perto* é uma força especulativa acerca de certas experiências liminares, em que as margens do humano e do inumano, da vida e da morte, da linguagem e do silêncio cedem à plasticidade daqueles que transitam por todos estes territórios, na condição incompleta, inacabada e movente, de quem cala, fala e titubeia, levanta, caminha de pé, tropeça, volta a levantar, empunha o lápis, colore e borra, pega o copo, escorrega e quebra. Ou, como Oskar Schell, alguém que rasga, desfaz a ordem, reposiciona, e na companhia de quem os leitores têm a chance de perfazer também toda a gama de variações de movimento, no folhear ágil do *Flipbook*. A infância é aqui pensada na dimensão destas experiências de passagem e como precursora de trajetos que redesenham o mapa das percepções e fabricam com os materiais dizíveis e visíveis novos vetores de força. Tal vocação para embaralhar a paisagem do sensível torna a infância, ao mesmo tempo, uma imagem incandescente e um mediador teórico vigoroso para se refletir sobre literatura hoje.

Nos ensaios "O que as crianças dizem" e "Gaguejou", Deleuze descreve a literatura como um "mapa de virtualidades" e um sistema em "desequilíbrio perpétuo", em que uma forma pode vir a ser outra e outra e outra e outra... Nesta espécie de lalação infantil, algo está sempre começando, em estado de eclosão, prestes a se dizer. É sobretudo como instância do nascer, que desejo pensar a infância no âmbito dos estudos literários, para ajudar a nomear o acontecimento da invenção, o momento em que algo passa a ser e, retomando o princípio da máxima reversibilidade, para ajudar a nomear o que ainda não é, o que aporta ao mundo uma diferença minúscula e decisiva, que pode simplesmente alterar a maneira como sentimos um espaço, um instante, um som, um afeto.[6]

Entre o corpo que cai e o corpo que levita, neste minúsculo e decisivo intervalo, se instala um idioma infante e insurgente, que age sobre o desastre, conjugando-o no modo condicional. A queda fatal se transforma assim numa cadeia de imagens potenciais, de grande voltagem poética. É no futuro do pretérito, numa temporalidade suspensiva, conjurada pela fabulação do menino, que pai e filho se reencontram no quarto de dormir, embaixo de um céu de ficção, olhando ambos para o teto estrelado do cômodo, local de projeções imaginárias que fazem brilhar a vida com outra intensidade.

---

6. Essa frase incorpora trechos da obra de dois autores que me foram caros para a escrita deste ensaio, ainda que não compareçam textualmente sob a forma de citações diretas. A primeira referência recupera uma passagem do pensamento de Jean-François Lyotard: "O nascer não é apenas o fato biológico do parto, mas sob a cobertura e a descoberta deste fato, o acontecimento de uma possível alteração radical no curso que empurra as coisas a repetir o mesmo. A infância é o nome desta faculdade, tanto mais quanto aporta, no mundo do que é, o espasmo do que, por um instante, não é ainda nada. Do que já é mas ainda sem ser *algo*" (Lyotard apud W. Kohan, *Infância, Entre educação e filosofia*, p. 251-252). A segunda referência alude à definição da função da arte que faz o artista visual Christian Boltanski: "*Et donc peut-être que l´élement intéressant, que l´on trouve de plus en plus rarement avec des expositions, c´est d´arriver à faire simplement que les gens sentent um espace ou um moment d´une manière um peu différente*" (C. Boltanski, *Parcours D´Ombres*, Trévenans: Schraag, 2010, p.21).

REFERÊNCIAS BIBLIOGRÁFICAS

Boltanski, Christian. *Parcours D´Ombres*. Trévenans: Schraag, 2010.
Castello, Luiz Angel e Mársico, Claudia. *Oculto nas palavras. Dicionário etimológico para ensinar e aprender*. Belo Horizonte: Autêntica, 2007.
Deleuze, Gilles. "O que as crianças dizem". In: _____. *Crítica e clínica*. Tradução Peter Pál Pelbart. São Paulo: Editora 34, 1997, p. 73-79.
Foer, Jonathan Safran. *Extremely Loud & Incredibly Close*. New York: A Mariner Book Houghton Mifflin Company, 2006.
_____. *Extremamente alto & incrivelmente perto*. Tradução Daniel Galera. São Paulo: Rocco, 2006.
Kohan, Walter O. *Infância: entre educação e filosofia*. Belo Horizonte: Autêntica, 2003.
Rancière, Jacques. "A imagem intolerável". In:_____. *O espectador emancipado*. Lisboa: Orfeu Negro, 2010, p.123-153.
_____. "Are some things unrepresentable?" In: _____. *The Future of the Image*. Tradução Gregory Elliott. London/New York: Verso, 2007, p.109-138.

A grande orelha de Kafka:
escutas cruzadas entre Walter Benjamin e Mário de Andrade[1]

Escrever é ouvir com força.
António Lobo Antunes

Dentre os muitos objetos que Walter Benjamin colecionou ao longo da vida, havia uma fotografia do escritor Franz Kafka quando menino, pela qual ele tinha especial apreço. Na foto, o pequeno Kafka faz uma pose forçada num desses ateliês fotográficos do século XIX, tão em voga na época, com seus cortinados kitsch e palmeiras decorativas. Poucas vezes

---

1. Esse ensaio é dedicado à Marília Rothier Cardoso, que me presenteou com o pequenino livro *Mário de Andrade e a criança* (MAC/IEB/USP, 1988) e assim disparou essa pesquisa. Maria Carolina Fenati fez observações valiosas sobre uma primeira versão deste ensaio, quando de sua publicação nos *Cadernos de Leitura* (nº87) pela Edições Chão da Feira em 2019.

"a pobre e breve infância" concretizou-se em imagem tão significativa", comenta Benjamin sobre a foto. Escutemos um pouco mais a descrição:

> O menino de cerca de seis anos é representado numa espécie de paisagem de jardim de inverno, vestido com uma roupa de criança, muito apertada, quase humilhante, sobrecarregada com rendas. No fundo, erguem-se palmeiras imóveis. E, como para tornar esse acolchoado ambiente tropical ainda mais abafado e sufocante, o modelo segura na mão esquerda um chapéu extraordinariamente grande, com largas abas, do tipo usado pelos espanhóis.[2]

Benjamin compara essa atmosfera de pesadelo e acossamento a uma câmara de tortura, que constrange a infância a modelos de civilidade, projetando nela o adulto enrijecido, de chapéu e bengala, que um dia deverá forçosamente tornar-se. Mas há algo nesta imagem que resiste à captura precoce do menino: "Seus olhos incomensuravelmente tristes dominam essa paisagem feita sob medida para eles, e *a concha de uma grande orelha escuta tudo o que se diz*.[3]

---

2. W. Benjamin, *Magia e técnica, arte e política*, Obras Escolhidas I, tradução de Sérgio Paulo Rouanet, São Paulo: Brasiliense, 1985, p. 144.

3. (p. 144, minha ênfase) A tradução de Sergio Paulo Rouanet, aqui utilizada, não parece fazer jus à frase original em alemão: "*Unermeßlich traurige Augen beherrschen die ihnen vorbestimmte Landschaft, in die Muschel eines großen Ohrs hineinhorcht.*" Agradeço à Susana Kampff Lages, professora da UFF, pesquisadora da obra de Benjamin e tradutora para o português de alguns de seus textos, pela troca de ideias sobre este trecho e pela proposição de outras alternativas de traduzi-lo: "Olhos incomensuravelmente tristes dominam a paisagem a eles predestinada, na qual a concha de uma grande orelha penetra para escutar" ou "Olhos infinitamente tristes dominam a paisagem a eles predestinada e auscultada pela concha de uma enorme orelha" ou ainda "Olhos de uma

Proponho pensar o alcance e a força dessa escuta ampliada que Benjamin localiza na figura infantil de Kafka e que buscará cultivar como política do pensamento, apostando numa espécie de *pedagogia do ouvido*, esse órgão do corpo discreto, mas insidioso, que trabalha secretamente, sem chamar atenção para as rotas de fuga que vai abrindo e que transportam o menino pra longe dali, para fora do enquadramento opressivo.[4] O pequeno Kafka escuta sem ser visto (no ato de escutar). Essa deriva acústica burla o controle parental e o esforço de fixar, pelo olho da câmera, um retrato imóvel e constrangido da infância. O menino escapa pelo ouvido. E pelo ouvido, forja alianças com os sons mais remotos e diminutos, pequenos barulhos que emanam do mundo inanimado e que já não são audíveis para os adultos, ocupados que estão com os grandes acontecimentos tonitruantes: a guerra, o trabalho, o acúmulo de capital. Benjamin descreve com aguda precisão e poder evocativo a qualidade desses ruídos ínfimos que "salvam" momentaneamente a infância do mundo filisteu, ao criar para ela verdadeiros esconderijos acústicos, tão acolhedores quanto assombrosos, onde talvez uma outra comunidade vá se fazendo, na surdina, entre as criaturas postas em silêncio, no limite da voz.

Mas o que se ouve afinal nesse território de convívio sonoro entre a criança e o mundo inanimado, que acontece em segredo,

---

tristeza desmedida dominam a paisagem a eles previamente destinada, que é auscultada com a orelha de um enorme ouvido."
4. A pesquisa consistente de Marília Librandi-Rocha sobre as "escritas de ouvido" (*writing by ear*), "romance aural" (*aural novel*) e "poéticas do eco" (*echopoetics*) ressoa fortemente no presente artigo. Cf: M. Librandi, *Escrever de ouvido: Clarice Lispector e os romances da escuta*, BH: Relicário Edições, 2020.

à revelia do olhar vigilante dos pais? No fragmento "A Mummerehlen", do livro *Infância em Berlim*, Benjamin se debruça sobre a sua própria foto quando criança, tirada em um estúdio fotográfico assustadoramente idêntico àquele em que Kafka exibe sua grande orelha. Em ambas as imagens, flagram-se crianças vexadas diante da câmera tal qual "manequins saídos de uma revista de moda".[5] Já não se trata mais da experiência privada deste ou daquele menino, mas de uma experiência coletiva, ameaçadora, que Benjamin deseja interpelar e interromper. Pelo som. Algo longínquo vem chamar as crianças – e só a elas. Não o barulho dos canhões, o uivar das sirenes das fábricas, a algazarra nos salões da bolsa de valores ou a marcha do desfile de guarda, como elenca Benjamin. O chamado que as crianças escutam, nas brechas da vida grandiloquente e ensurdecedora, vem em átimos de som: o breve estrondo de um grão de carvão caindo dentro da estufa de ferro, o surdo estalo com que a chama da lâmpada de gás se apaga, o chocalhar das chaves na cesta, uma campainha que toca nos fundos da casa, os versinhos esquecidos de uma velha rima infantil...[6]

Conectar-se com essa frequência ínfima do quase inaudível supõe um gesto de intensificação da vida, lá onde ela é menos garantida. Os dois meninos tornam-se aliados de existências imperceptíveis e colaboram para fortalecê-las, na medida em que devêm testemunhas auriculares do rumor que delas emana. São pequenos sinais de vida que a escuta de longo alcance

---

5. W. Benjamin, "O telefone", in *Rua de Mão Única*, Obras Escolhidas II, Volume 2ª edição, tradução Rubens Rodrigues Torres Filho e José Carlos Martins Barbosa, São Paulo: Brasiliense, 1987, p. 99.
6. *Ibidem*, p. 100.

reconhece e propaga, amplificando os barulhos das coisas semiapagadas na caixa de ressonâncias da grande orelha. Esse intercâmbio sonoro entre as crianças e os objetos inanimados se faz presente de modo singular na cena da leitura, tal como Benjamin a rememora no fragmento "Livros" de *Infância em Berlim*. Na biblioteca do antigo colégio, diante do livro aberto sobre a mesa "que era alta demais," o pequeno estudante tapava os ouvidos enquanto lia. Dessa forma, ao bloquear o som ambiente vindo de fora, podia ouvir com mais intensidade "o torvelinho das letras", abrindo uma espécie de ouvido interno, a concha de uma grande orelha virada ao avesso, atenta às engrenagens ruidosas de um mundo fabuloso que aos poucos se erguia no imaginário do pequeno leitor, no contato com as histórias que vinham de longe. Assim, "Babilônia e Badgá, Acra e o Alasca [...] achavam-se dentro mim".[7] E acrescenta: ler é manter-se fiel a um manuseio feito "com sangue e perigo", porque ler é um gesto vertiginoso de incorporação sinestésica da atmosfera que circula nos livros: "Neles sucediam tempestades. Abrir um deles teria me levado bem ao centro de uma delas" (p. 114). Tapar os ouvidos se mostra assim como atividade de risco, porque acelera essa sucção imersiva para dentro das narrativas e para dentro de si próprio. O mundo exterior silencia e desaparece para que outra paisagem sonora comece a nascer a cada virar de páginas, provocando os sons adormecidos das palavras "que revolteiam confusamente [...] como sonoros flocos de neve".[8] Inventa-se assim uma escuta íntima e secreta, capaz de ouvir o turbilhão

---

7. *Ibidem*, p. 113.
8. Benjamin, "Visão do Livro Infantil," p. 55

das coisas que se contam em silêncio, na aparente quietude das frases esquecidas em velhos tomos infantis. Nos meandros de tal escuta secreta, a existência já não está apenas em cada ser, mas é uma vibração que se passa *entre* os seres, como se lê no precioso livro que David Lapoujade dedicou à obra de Étienne Souriau, filósofo francês que, em 1938, fez um inventário do que chamou de *seres virtuais*, potencialidades que acompanham cada existência e que ganham "mais realidade" quando outras existências são capazes de "ouvir suas reivindicações" e de "tomar o partido delas".[9] Lapoujade reconhece na criança um aliado potencial desses seres virtuais tantas vezes invisíveis e inaudíveis aos adultos. Como exemplo, evoca a seguinte cena, destacada também por Peter Pal Pélbart em fala realizada na PUC-Rio no início de 2018:

> Penso em uma criança que dispôs diversos objetos, grandes e pequenos, cuidadosamente, longamente, de uma maneira que ela achou bonita e ornamental, sobre a mesa de sua mãe, para "agradá-la." A mãe chega. Tranquila, distraída, pega um desses objetos do qual ela vai precisar, recoloca um outro no seu lugar de sempre, e desfaz tudo. E quando as explicações desesperadas que acompanham os soluços contidos da criança lhe revelam a extensão do seu pouco caso, ela exclama desolada: ah, meu amor, eu não vi que era alguma coisa![10]

Lapoujade então pergunta que "alguma coisa" é essa que a mãe não vê e que é tão evidente e viva para a criança? Ali, sobre

---

9. D. Lapoujade, *As existências mínimas*, tradução Hortensia Santos Lancastre, São Paulo: n-1 edições, 2017, p. 90.
10. Ibidem, p. 43.

a mesa, havia um mundo de seres virtuais que a sensibilidade da criança ajudou a instaurar. O que não significa dizer que a criança é o fundamento dessas "existências mínimas", Lapoujade adverte: "Confundimos duas atitudes: aquele que se sente importante por ter visto e aquele que sente a importância daquilo que viu" (p. 100). A criança não é assim pensada como a *origem* dos seres virtuais que posiciona sobre a mesa, mas sim como *testemunha* de sua vitalidade. Marcar essa diferença me parece decisivo, porque não se trata de valorizar a soberania da criança, como agente legitimador de existências que lhe são alheias. Mas de afirmar uma conexão vital e mútua entre elas, um pertencer secreto, nos termos benjaminianos. Se para Lapoujade e Souriau, tal conexão se fortalece sobretudo pelo olhar vinculado da criança, para Benjamin, diante da foto de Kafka, é antes a ação penetrante da escuta que abre passagens entre os seres e, também, entre os tempos: "Kafka escutava atentamente a tradição, e quem aguça o ouvido, não vê [...] Essa escuta é intensa sobretudo porque ao que escuta só lhe chega o menos claro. Aí não há nenhuma doutrina a aprender nem ciência que se possa conservar."[11]

A negação do olho parece supor aqui certa recusa dos preceitos da tradição clássica, da sabedoria cultivada pelos estetas, de sua confiança no conhecimento do mundo pelo domínio das formas visíveis. Ao acolher o que é menos claro, a audição convida a uma outra relação com o saber, mais enigmática e fugidia, que já não pressupõe um sujeito do conhecimento, doador de sentidos nítidos ao que vê, mas alguém exposto e atento sobretudo aos ruídos do que não compreende. Não à toa, proliferam nas

---

[11]. Benjamin em carta a Gerschom Scholem (*Correspondência 1933-1940*, p. 227).

narrativas de Kafka personagens inábeis, desastrados, imaturos, dotados de modos que Benjamin qualifica como infantis. São seres que aludem a uma espécie de "cidadania perdida", como os lê também Agamben, imaginando-os como mensageiros que trazem notícias de algo esquecido e, todavia, soante, mas que não sabemos bem identificar o que seja. São emissários ignorantes, que "ignoram o conteúdo das cartas que têm de entregar"[12], mas cujos gestos parecem em si mesmos uma mensagem cifrada, que ninguém pode extinguir. Que estranha revelação carregam as crianças sem saber? E no contato com elas, que tipo de ajuda nos prestam?

★ ★ ★

Kafka incluía em sua oração todos os seres, sugere Benjamin. "Nenhuma de suas criaturas tem um lugar fixo, um contorno fixo e próprio, não há nenhuma que não esteja ou subindo ou descendo, nenhuma que não seja intercambiável com um vizinho ou um inimigo, [...] nenhuma que não esteja profundamente esgotada, e ao mesmo tempo no início de uma longa jornada".[13] As narrativas de Kafka instauram e fazem existir figuras intermediárias, figuras "entre", como as crianças que proliferam em muitas de suas histórias, quase sempre na forma de coletivos barulhentos, que entram e saem de cena, sem que jamais se entenda o que elas dizem, como observam Julia de Carvalho Hansen e Carolina Fenati no excelente texto de apre-

---

12. G. Agamben, 2007, p.27.
13. W. Benjamin, *Magia e técnica, arte e política*. Obras Escolhidas I, tradução de Sérgio Paulo Rouanet, São Paulo: Brasiliense, 1985, p. 143.

sentação ao Dossiê Infância da Revista Gratuita.[14] As crianças de Kafka falam numa língua enigmática e incompreensível, uma língua entre o canto, o grito e o riso. No pequeno conto kafkiano "Crianças na Rua Principal", um bando de meninos desata a correr num galope forte e nada os pode deter. Um deles começa de repente a cantar, mas "todos nós queríamos cantar", diz o jovem narrador. "Cantamos mais rápido do que o trem corria, [...] formamos com as nossas vozes uma confusão na qual nos sentíamos bem".[15]

Essa balbúrdia auspiciosa, Roland Barthes também a teria escutado, não ao ler as páginas de Kafka, mas quando assistia a um filme de Michelangelo Antonioni sobre a China. De repente, na virada de uma sequência de cenas, aparecem algumas crianças chinesas encostadas a um muro, elas "leem em voz alta, cada uma para si, todas juntas, um livro diferente." "Por desconhecimento do chinês e pelo emaranhado dessas leituras simultâneas", o sentido do que diziam era para Barthes "duplamente impenetrável".[16] O que o pensador diz escutar daqueles meninos é o rumor da língua que, ao estremecer e nublar o sentido, faz com que se perceba com acuidade toda a sutileza sensorial da cena,

---

14. No texto de apresentação de Hansen e Fenati, lê-se: "Repetidas vezes, bandos de crianças ruidosas surgem nos romances de Kafka. Quase nada acontece com elas, que nem nomes têm – essas crianças rodeiam os personagens, saltam no seu caminho ou espreitam por trás de uma porta. Podem estar alegres, assustadas e com medo, e não lhes falta humor [...]" (*Dossiê Infância*, 2017, p. 5).
15. F. Kafka, "Crianças na rua principal", *Contemplação e O Foguista*, tradução Modesto Carone, São Paulo: Brasiliense, 1991, p. 12.
16. R. Barthes, "O rumor da língua", in *O rumor da língua*, São Paulo: Martins Fontes, 2004, p. 96.

uma "música do sentido".[17] A língua rumorosa das crianças parece ser aquilo que deflagra e instaura uma condição de escuta diferenciada para os movimentos da vida, nas suas modulações mais diminutas e infra leves.

Cria-se um outro ouvido ao se ouvir a língua rumorejar na boca das crianças?

A questão política que assoma para Benjamin diante da grande orelha do pequeno Kafka – orelha que Barthes também experimenta a seu modo – é como fortalecer e propagar essa escuta ativa que nasce das crianças mas que ameaça desaparecer com elas, se as vestimos de adulto diante da máquina fotográfica, se nos apressamos em crescer e deixar a infância pra trás em definitivo, reduzindo assim a possibilidade de nos vincular significativamente com um mundo que já não somos mais capazes de perceber ou escutar. O descarte prematuro da infância apequena a vida, segundo Benjamin, porque bloqueia canais de acesso *entre* os seres, de modo que passamos a escutar numa frequência mais estreita, alheia ao rumor do "som ao redor." Aludo aqui ao celebrado filme de Kleber Mendonça Filho, que faz um convite vigoroso à escuta amplificada de um certo Brasil, desde a cidade do Recife, a partir do cachorro que late estridente na casa vizinha, dos barulhos de coisas arrastadas pelo chão, de um motor de carro que de repente passa, ameaçador, na rua deserta. São sons de um outro Brasil, nada cordial, sons que acordam parcelas de mundo enterradas nas camadas da história e que muitos prefeririam não escutar. A audição destes sons se torna de fato insuportável a alguns dos personagens do filme e

---

17. Ibidem, p. 95.

o desconforto vaza para a sala de cinema. Os espectadores são convocados ao enfrentamento de tensões constitutivas da experiência nacional, transpostas em embates sonoros na forma de ruídos que cortam as cenas de modo alarmante.

Benjamin se interessou muito pela dimensão de perigo que a criança ativa quando se põe à escuta do que deveria estar morto. Isso acontece sobretudo nas interações com o mundo inanimado. Se chegarmos bem perto da criança que brinca com o avião de plástico, talvez sejamos capazes de escutar também os sons que dali se desprendem e dão notícias de intercâmbios vigorosos *entre* o morto e o vivo. O filósofo português José Gil narra a experiência:

> Uma criança brinca com um avião. Pega nele, descola, desliza no ar, dá-lhe uma aceleração depois abranda, depois vira-o em um *looping* arrojado, aterra, descola outra vez. Acompanha o movimento do avião, o ruído dos seus motores que marcam a velocidade, as diferenças de ritmo quando o avião desce ou sobe no ar. [...] o avião adquire vida, uma anima, o avião sente, o seu movimento modula afectos e emoções, de tal maneira que a criança fala com ele e fá-lo responder-lhe. [...] Um outro fenômeno recíproco se desenvolve: qualquer coisa na criança devém avião. O ruído que produz não é para imitar a máquina, é a transformação de seu corpo em avião [...] Extração do inumano do seu corpo humano. A criação de uma zona de osmose ou de indiscernibilidade em que já não se sabe se é o corpo da criança que voa no espaço ou o avião que sofre de medo ao picar subitamente em direção ao solo. [18]

---

18. J. Gil, "A reversão", in *O devir-criança pensamento*, ed. Daniel Lins, Rio de Janeiro: Forense Universitária, 2009, p. 19.

Como aumentar o volume dessas brincadeiras sonoras, capazes de engajar os vivos e os mortos numa algazarra ruidosa?

* * *

Com o advento do rádio, nas primeiras décadas do século 20, Benjamin vislumbrou na nova tecnologia um meio de experimentação do que aqui estou chamando de uma *pedagogia do ouvido*. Entre 1927 e 1933, trabalhou nas rádios de Berlim e Frankfurt, escrevendo aproximadamente 90 roteiros de programas, dos quais cerca de 29 direcionados a crianças e jovens, programas que ele mesmo irradiava diante do microfone (dos 90 roteiros, 45 sobreviveram). Os programas duravam em torno de 20 minutos e versavam sobre uma gama muito diversificada de temas, que Benjamin retrabalharia em momentos diferentes de sua obra. Ele fala às crianças de algumas catástrofes históricas do passado, como o terremoto de Lisboa de 1755 e a enchente do rio Mississipi em 1927; narra anedotas divertidas sobre personagens fora-da-lei e suas tramoias para enganar as autoridades; penetra sonoramente na cidade de Berlim, comentando sobre dialetos, comércio de rua, galerias e lojas de brinquedos, e conta também histórias que reanima de velhos livros infantis.

A edição brasileira, intitulada *A hora das crianças*, publicada pela Editora NAU com tradução de Aldo Medeiros e organização de Rita Ribes, apresenta grande parte da produção radiofônica de Benjamin para crianças. Gostaria, contudo, de me aproximar de uma peça radiofônica que não está incluída naquela coletânea: "O coração gelado".[19] Trata-se de uma adaptação de um conto de fadas de Wilhelm Hauff, que Benjamin reescreve para o rádio, em parceria com seu amigo de infância Ernst Schoen, então diretor artístico da rádio de Frankfurt. Graças a Schoen e sua oferta de trabalho regular na rádio, Benjamin consegue um ganha-pão em tempos deveras difíceis, de grande privação. Com o crack da bolsa em 1929, instala-se um período de instabilidade mundial e de grande recessão econômica. Sem emprego, sem posição na universidade (sua tese de livre docência sobre o Drama Barroco Alemão havia sido recusada em 1925), e com o fechamento progressivo de frentes de trabalho possíveis a um intelectual judeu vivendo na Alemanha em plena ascensão do nazismo, Benjamin passa a ter no rádio uma possibilidade de renda mínima.

Na peça radiofônica criada pelos dois amigos, os personagens de um velho conto de fadas infantil escapam do livro em que moram há cerca de 100 anos, invadem o estúdio de rádio e pedem pra entrar no "País da Voz" ou na "Terra da Voz" (*Stimmland*), com a justificativa de que ali não estariam mais falando apenas com *uma* só criança de cada vez, como na experiência do livro, mas com *milhares de crianças* ao mesmo tempo. Depois de muita confusão, o apresentador de rádio impõe aos personagens uma única condição: quem quiser entrar no país da voz tem que se desfazer de todos os seus atributos visíveis, sapatos, chapéus, cintos, etecetera, de modo que nada mais reste além do som da voz de cada um. Todos então se despem e

---

19. "O coração gelado" foi incluído na coletânea *Walter Benjamin. A arte de contar histórias*, organização de Patrícia Lavelle, tradução de Georg Otte, Marcelo Backes e Patrícia Lavelle, São Paulo: Hedra, 2018, p. 167-211.

entram nesse novo lugar, onde há um *fog* tremendo. Ninguém consegue enxergar nada. Na terra da voz, "não há nada a ver, apenas a ouvir".[20] A história cria uma alegoria explícita do mundo do rádio, um mundo fundamentalmente auricular, em que o órgão da visão cede espaço ao ouvido. Em seus ensaios teóricos sobre o rádio, e também em um curto fragmento autobiográfico sobre o telefone, Benjamin demonstra interesse pelos efeitos da voz acusmática, uma voz invisível, desencarnada, cuja localização espacial não se pode precisar.[21] É uma voz desapegada de um ponto de origem, capaz de atravessar distâncias incomensuráveis para entrar na casa das pessoas como um convidado ou hóspede que é recebido na intimidade.[22] Pelo rádio, Benjamin buscou aproxi-

---

20. W. Benjamin. "O coração gelado". In: *A arte de contar histórias*. Organização de Patricia Lavelle. Tradução de Georg Otte, Marcelo Backes e Patricia Lavelle. São Paulo: Hedra, 2018. p. 173.
21. A propósito da voz acusmática, remeto os leitores ao estudo de G. Obici, *Condição da escuta: mídias e territórios sonoros*. O pesquisador nos relembra, a partir do trabalho de Pierre Schaeffer, que o termo acusmático remete à escola de Pitágoras: "A confraria pitagórica era constituída por duas grandes classes: os "acousmáticos" ("ouvintes" – "pitagoristas"), dirigidos por Hipásio de Metaponto, e os "matemáticos", ou "pitagóricos", que trabalhavam no conhecimento verdadeiro [...] Acousmático referia-se ao primeiro nível dos discípulos ligados ao ensino oral (*acousmates – sinais de reconhecimento*). Durante cinco anos, o postulante deveria escutar as lições em silêncio, sem nunca tomar a palavra, nem ver o mestre, que falava dissimulado por uma cortina. Só depois desses anos, envolto por uma série de provas físicas e morais, é que poderia pertencer à fraternidade considerado um pitagórico, e passar para o outro lado da cortina" (G. Obici, 2008, p.30).
22. Cf. W. Benjamin, *"Reflections on Radio"*: "*One need only consider what it means that the radio listener, as opposed to every other kind of audience, receives the programming in his home, where the voice is like a guest; upon arrival, it is usually assessed just as quickly and as sharply*" (p.364). Ver também o texto de apresentação do volume *Radio Benjamin* por Lecia Rosenthal, em que a autora alude à voz acusmática ao comentar a peça radiofônica de Benjamin "O coração gelado" (p.

mar e difundir o que vem de longe, na expectativa de abrir com as crianças e jovens um campo de ressonâncias entretempos, que as colocasse em contato com as "conversas irresolvidas do passado".[23] Nas narrativas radiofônicas, a voz assume, despretensiosamente, uma feição dialética: o radialista amador primeiro invoca o conhecimento prévio da audiência para logo em seguida ali flagrar uma lacuna, a presença, na experiência das crianças, de algo que lhes foi subtraído pela vida moderna e que a narrativa desejará atualizar, trazendo notícias do que eles não conhecem mas são capazes de pressentir.

Assim começa o programa "Passeio pelos brinquedos de Berlim I": "Quem de vocês conhece o livro de contos de Godin? Talvez nenhuma dentre todas as crianças que estão aqui escutando. Mesmo assim, é um livro que, nos últimos trinta anos, se achava com frequência num quarto de criança. Inclusive, no quarto deste que agora fala a vocês." Pronto, em poucas frases, as crianças são instadas a ativar a grande orelha que permitirá escutar sons de um mundo longínquo, que a voz penetrante e cúmplice quer aproximar. Benjamin então passa a narrar um dos contos de Godin, com deliciosa minúcia de detalhes, entrando e saindo da história, interrompendo o fluxo da narração com apartes que vão levando os ouvintes para outras paisagens, já que "o

---

xiii). Jean-Luc Nancy discorre também sobre a acusmática como modelo de ensinamento em que o mestre permanece oculto (J. L. Nancy, À escuta, p.161).
23. A expressão foi citada por Lecia Rosenthal, editora do volume *Radio Benjamin*, em entrevista: "Benjamin wants to use radio to animate a kind of sampling, or montage, that would dramatize historical debates, or what he calls the unresolved "conversations" of the past."
Disponível em https://www.versobooks.com/blogs/2222-a-two-way-medium-radio-benjamin-editor-lecia-rosenthal-speaks-to-kester-john-richardson-dawes

decisivo não é o prosseguimento de conhecimento em conhecimento, mas o salto que se dá em cada um deles".²⁴ Assim, das aventuras da menina que precisa livrar seus irmãos das garras do malvado feiticeiro e para isso precisa recusar todas os presentes que lhe são ofertados no caminho, sem ceder à tentação, Benjamin salta para a famosa peça teatral de Goethe, *Fausto*, aquele que não soube resistir, que selou o pacto com o diabo e para quem, desgraçadamente, não houve qualquer salvação. Fausto cai morto ao final da história. Daí Benjamin antecipa que as crianças devem estar se sentindo enroladas com tantos volteios e digressões, num programa cujo título prometia, ao fim e ao cabo, um passeio pelos brinquedos de Berlim. Vocês devem estar pensando que este homem aqui "jamais chegará a Berlim," ele diz de si próprio.²⁵ "Mas aqui acontece como na corrida entre a lebre e o porco-espinho," ele segue, emendando na conhecida fábula de Esopo (que conhecemos na versão da lebre e da tartaruga). "Como vocês sabem, este se senta num ponto do campo arado onde a corrida deve terminar e, quando a lebre chega ofegante, exclama: Já estou aqui! E é verdade que eu já estou em Berlim há um bom tempo, que é para onde vocês querem vir" (*idem*). Assim, de salto em salto, vai-se do conto infantil, ao clássico de Goethe, à fábula de Esopo, às ruas de Berlim, onde Benjamin passará a descrever as longas galerias de brinquedos das lojas de departamento, na companhia imaginária de seus ouvintes.

---

24. W. Benjamin, *Obras Escolhidas II*. Rua de Mão Única. Brasiliense, São Paulo, 1987, p. 264.
25. W. Benjamin, *A hora das crianças, Narrativas Radiofônicas de Walter Benjamin*, tradução de Aldo Medeiros, organização de Rita Ribes, Rio de Janeiro: Nau Editora, 2015, p. 61.

Como bem colocou Ana Lanfranconi, pesquisadora da Universidade de Barcelona, os roteiros radiofônicos funcionam como redes de relação, em que cada tópico se conecta com uma multiplicidade de outros tópicos, em estruturas vazadas que abrem fendas no tempo e no espaço, vinculando fenômenos distantes pelo fluxo da narração. Os roteiros solicitam assim, da parte dos ouvintes, a construção de diferentes graus de escuta e estratos de percepção.[26] Uma pedagogia do ouvido. Poderíamos vê-los, quiçá, como verdadeiros brinquedos acústicos, aproveitando a etimologia da palavra em alemão para "peças radiofônicas": *Hohrspiel* (*Spiel* corresponde a jogo ou brincadeira. *Hohr*, a ouvido). Numa tradução selvagem, poderíamos dizer que as peças radiofônicas são, efetivamente, brincadeiras auditivas.

A aposta de Benjamin com as peças radiofônicas é que esse passado inquietante e inquieto, que a voz acusmática traz para perto de casa, inflamará a imaginação crítica dos ouvintes e lhes soprará coragem e desejo por reinventar um presente alargado, em que as crianças não mais compareçam como figuras obedientes diante da câmera fotográfica, tal qual mini adultos imobilizados pelo futuro que lhes é desde cedo imposto. "É por isso que há uma coisa que não tem reparação possível: ter deixado passar a oportunidade de fugir dos pais", diz Benjamin no fragmento

---

26. Cf. Ana Lanfranconi no artigo "Interruptores para niños: Estrategias de transmisión crítica en *Aufklärung für Kinder*": "Los textos funcionan, en buena medida, como redes de relaciones. La entrada a los temas puede ser anecdótica. Lo que se trata a veces no es más que el reverso de lo que se quiere decir realmente, pero el locutor dispondrá los elementos de forma no jerarquizada, de manera que entre ellos emerja lo que se quiere explicar, que no se reduce a ninguna de las partes que se están poniendo en juego" (A. Lanfranconi, 2017, p. 37).

de título jocoso "Volta para casa! Perdoamos-te tudo!".[27] É possível ler as emissões radiofônicas de Benjamin como verdadeiros atos de fala, nessa dimensão performativa da fuga. As crianças são estimuladas a escapar pelo ouvido, como o pequeno Kafka, criando com os sons de alhures, uma escuta insurgente. Ao levar as crianças para passear, pelas ondas do rádio, nas galerias de brinquedos de Berlim, colorindo a narração com detalhes sedutores sobre caixinhas de música, bonecas, carimbos, Benjamin lhes coloca o problema do fetiche da mercadoria e as convida a desafiarem a lógica consumista de seus pais:

> Quanto mais uma pessoa entende de um assunto e quanto mais ela passa a saber da quantidade de coisas belas que existem de uma determinada categoria – sejam elas flores, livros, roupas ou brinquedos –, tanto maior será sempre a sua alegria em ver e saber mais sobre elas, e tanto menos ela se preocupará em possuir, comprar ou dar de presente estas mesmas coisas. Aqueles entre vocês que me escutaram até o final, ainda que não devessem, terão que explicar isso aos seus pais.[28]

Em 29 de janeiro de 1933, Benjamin faria sua última transmissão radiofônica pela rádio de Frankfurt. No dia seguinte, Adolf Hitler é nomeado chanceler. E pela primeira vez, a radio alemã transmite ao vivo um evento político em larga escala:

---

27. W. Benjamin, *Rua de Mão Única*: Infância Berlinense: 1900, edição e tradução de João Barrento, Belo Horizonte: Autêntica Editora, 2013, p. 12.
28. W. Benjamin, *A hora das crianças*. Narrativas Radiofônicas de Walter Benjamin, tradução de Aldo Medeiros, organização de Rita Ribes, Rio de Janeiro: Nau Editora, 2015, p. 65-66.

o novo regime nazista marcha vitorioso com suas tochas pelo Portão de Brandemburgo. A partir de então, a máquina de propaganda do general Goebbels ocupa as estações de rádio com exortações ao Führer e programas voltados à nazificação da Alemanha. Quantos dos jovens ouvintes de Benjamin engrossariam as fileiras da juventude hitlerista?

★ ★ ★

Desvio acentuado para o hemisfério sul
São Paulo, 1936.

O escritor Mário de Andrade, então diretor do Departamento de Cultura da cidade de São Paulo,[29] escreve um ofício injuriado ao prefeito Fábio Prado, criticando duramente o programa radiofônico "A Hora do Brasil", instalado no ano anterior durante o governo de Getúlio Vargas e voltado à transmissão obrigatória de conteúdos políticos, econômicos e culturais em todo o território nacional.[30] Mário de Andrade se refere ao programa como uma "detestável experiência viva de todos os dias [...], essa espécie de Rádio Escola Federal, tão abusiva na propaganda

---

[29]. Mário de Andrade atuou como diretor do Departamento de Cultura de São Paulo entre os anos de 1935 a 1938. O departamento tornou-se um laboratório de políticas públicas voltadas ao acesso e promoção da cultura brasileira, como fator civilizador e meio de transformação social. O projeto foi gestado por intelectuais da elite paulista e contou com o apoio de Paulo Duarte, Fernando de Azevedo, Anhaia Mello, Plínio Barreto, entre outros.
[30]. Na década de 1970, o programa seria rebatizado como "A voz do Brasil", nome que persiste até hoje.

política e tão desorientada e péssima, na parte artística, que se tornou antipática e repelida por toda a população".[31]

Em franca oposição à "Hora do Brasil", encampada por Vargas, de cujo governo participava como gestor público, Mário de Andrade idealizou uma outra espécie de Rádio Escola, por onde pudesse irradiar a sua "sonora política", na expressão sugestiva de Oneyda Alvarenga, diretora da Discoteca Pública[32] que integrava a política cultural de Mario no Departamento de Cultura. Pela Rádio Escola, Mário desejava difundir não apenas um acervo musical amplo e heterogêneo, mas também, nas suas palavras, "pôr ao alcance de quem quer que seja, por meio de uma estação radiodifusora, palestras e cursos populares, literários ou científicos, cursos de conferências universitários, enfim, tudo o que possa contribuir para a expansão cultural."[33]

Como bem resume Marcel Oliveira de Souza, pesquisador da área de música, em cuja tese me apoio na aproximação do projeto da Rádio Escola,[34] a ideia de criar uma emissora pauta-

---

31. Ofício de 17 de fevereiro de 1936. Processo 23937/36. O documento integra o livro *Me esqueci completamente de mim, sou um departamento de cultura*, organizado por Carlos Augusto Calil e Flávio Rodrigo Penteado. O livro reúne uma preciosa documentação fac-similar sobre o período de gestão de Mário de Andrade à frente do Departamento de Cultura de São Paulo, incluindo ofícios, portarias, fotografias, cartas e entrevistas com o escritor (Calil e Penteado, 2015, p. 51).
32. Na gestão de Mário de Andrade, a Biblioteca Pública foi uma instituição de pesquisa e de guarda de importante acervo fonográfico de músicas folclóricas, populares e eruditas. Sobre a "sonora política" marioandradina, ver o livro de Oneyda Alvarenga, *Mário de Andrade, um pouco* (José Olympio, 1974).
33. Mário de Andrade em entrevista ao *Jornal Estado de São Paulo* (apud Calil e Penteado, p. 89).
34. A tese intitula-se "A Rádio Escola do Departamento de Cultura de São Paulo: Mário de Andrade e a formação do gosto musical", defendida no Pro-

va-se pela convicção do potencial educativo da radiodifusão. Uma convicção, como sublinha Souza, partilhada por muitos intelectuais no Brasil, diante da expansão da atividade radiofônica no país na década de 1930. Algo que Benjamin, por sua vez, já experimentara na Alemanha anos antes, empenhando a própria voz na irradiação do que chamamos anteriormente de "pedagogia do ouvido".

Mas à diferença de Benjamin, que imaginou a voz acusmática como um hóspede que penetra pelas ondas sonoras na intimidade familiar para ali, no ambiente doméstico, insidiosamente fomentar uma politização da escuta, que enviasse os ouvintes para "fora" das limitações da vida privada, ampliando seus repertórios e percepções, Mário projetou uma Rádio Escola desde logo fincada no espaço público, pleiteando junto ao prefeito de São Paulo a instalação definitiva de um rede de alto-falantes nos logradouros públicos da cidade: "é justamente aos jardins, que acodem as populações proletárias e de pequena burguesia, que dispõem de poucos meios se divertir".[35] Em grande medida, as diferenças de escopo e abrangência dos projetos radiofônicos divisadas por cada um dos dois intelectuais se relacionam aos diferentes contextos políticos em que inscreviam suas ideias e ações. A posição constrangida e ameaçada de Benjamin numa Alemanha hostil à atuação pública de intelectuais judeus contrasta com a função destacada de Mario como administrador público à frente do Departamento de Cultura

grama de Pós-Graduação em Música da USP em 2016. A consulta à tese de Souza foi fundamental para a composição do presente ensaio.
35. Andrade *apud* Calil e Penteado, p.51-52

da maior metrópole brasileira, contando com um orçamento de 10% da Prefeitura de São Paulo para pôr em prática sua visão de cultura. Ainda que, como veremos adiante, Mário acabará por ser destituído do cargo com o recrudescimento da ditadura Vargas. Pensando prioritariamente nos cidadãos que não tinham dinheiro para ter um rádio em casa, Mário desejou criar uma nova paisagem sonora, mesclada ao cotidiano da cidade de São Paulo. Ao pretender "forçar a criação de uma audiência verdadeiramente pública",[36] Mario certamente flertava com um componente impositivo nessa empreitada, uma vez que os cidadãos seriam obrigados a ouvir a programação radiofônica nos espaços da cidade, não sendo possível simplesmente desligar o aparelho, como no ambiente privado e doméstico. Tal percepção da natureza autoritária das emissões radiofônicas não passou despercebida a Walter Benjamin, que considerava a ação potencial de "calar" o rádio como um bem-vindo ato de sabotagem, através do qual o ouvinte manifesta sua revolta frente a uma programação que ele mesmo não escolheu e que não tem como controlar, já que o emissor tem a posse exclusiva do microfone. Tal ausência de reciprocidade e diálogo na situação radiofônica levou Benjamin a elaborar emissões que encorajassem os ouvintes a se tornar *experts* na linguagem do rádio, habilitando-os a perceber seus elementos constitutivos: as nuances de voz, a dicção, as ênfases, o ritmo, as pausas e interrupções estratégicas, os mecanismos de montagem. Uma audiência assim familiarizada com o idioma radiofônico, atenta às artimanhas da voz, não se deixaria

36. Ibidem

manipular facilmente, constituindo uma escuta ativa e crítica. São preocupações também partilhadas por Mário de Andrade, a seu modo. Ele tinha plena consciência do aspecto despótico do projeto de radiodifusão ao ar livre e buscou usar estrategicamente essa força invasiva do som na vida dos passantes como estratégia de disseminação e socialização da cultura no espaço público urbano, como se pode ler em trecho do mesmo Ofício ao prefeito Paulo Prado: "O livro só lê quem sabe ler, uma biblioteca, um concerto, um arquivo, um parque infantil, só entra quem quer entrar. Ao passo que um rádio falando, é escutado por quem quer e, insensivelmente, por quem não quer. Em última análise, poder-se-á mesmo afirmar que o rádio obriga a gente a escutá-lo".[37]

Falando tanto à população letrada quanto aos analfabetos,[38] o rádio soava para Mário como um potente meio educativo de difusão da cultura e de transformação social em larga escala, considerando-se o amplo alcance da nova mídia de comunicação. Os conteúdos irradiados na cidade teriam como meta promover o contato entre os próprios passantes, criar ambientes de interação e conversa, encorajar a proximidade com um repertório musical, artístico e intelectual que pudesse fazer frente tanto à "detestável" Hora do Brasil, quanto ao divertimento raso e fácil que ele tributava à programação das emissoras comerciais,[39]

---

37. Ibidem
38. M. O. de Souza, *A rádio escola do Departamento de Cultura de São Paulo: Mário de Andrade e a formação do gosto musical (1935-1938)*, Tese de Doutorado, Programa de Pós-graduação em Música, Escola de Comunicação e Artes, Universidade de São Paulo, 2016. 198f. p. 23.
39. Ibidem, p. 24.

recheada "de tango, de sambas, de fadinhos, canções brejeiras e comicidades alvares".[40] Visões iluministas de valorização do acesso à alta cultura como meio de avanço social conviviam, de forma paradoxal e tensionada, com a valorização contundente das manifestações populares e de um desejo genuíno de entranhar na vida pública da cidade, no espaço de circulação dos cidadãos,[41] um projeto efetivo de politização da escuta.

Se nas salas de concerto, vocacionadas para o cultivo de uma audição especializada e isolada de outras sensações e experiências extramuros, operava-se com certos códigos de conduta de primazia do ouvido em relação a qualquer outro estímulo que não o sonoro,[42] a propagação de repertório musical e artístico no espaço público teria o potencial, quiçá, de produzir uma escuta menos pura e seletiva, uma escuta mais distraída e dispersa, em que os conteúdos irradiados se mesclariam às demais atividades diárias dos passantes. Na utopia de Mário, prevalecia o desejo de inventar uma cidade e um país, onde as pessoas pudessem usufruir do espaço urbano, ouvindo Mozart, Villa Lobos, Camargo Guarnieiri, cantigas de ninar, cantos de xangôs, o barulho do bonde, a conversa com o vizinho, o som do apito da fábrica.

A Rádio Escola nunca chegou a ir ao ar, durante a gestão de Mário de Andrade à frente do Departamento de Cultura de São

---

40. Andrade *apud* Calil e Penteado, p.51
41. Idem, p. 15.
42. Iazetta *apud* M. O. de Souza, *A rádio escola do Departamento de Cultura de São Paulo: Mário de Andrade e a formação do gosto musical (1935-1938)*, Tese de Doutorado. Programa de Pós-graduação em Música, Escola de Comunicação e Artes, Universidade de São Paulo, 2016. 198f. p. 47.

Paulo, mas toda a sua estrutura foi montada, como demonstra a pesquisa minuciosa de Marcel Souza. Constituiu-se um acervo de referência de música erudita, folclórica e popular na Discoteca pública Municipal. Formaram-se corpos estáveis de música: o Coral Paulistano, sob a regência de Camargo Guarnieri, o Madrigal, o Quarteto Haydn e o Trio São Paulo, para execução de música de câmara. Produziram-se programas de música gravada para serem transmitidos pelo rádio. Uma rádio infantil foi também pensada para compor o projeto, como mostram os documentos de gestão de Mário de Andrade, consultados no Arquivo Municipal da cidade e reunidos de forma seletiva, na publicação fac-similar organizada por Carlos Augusto Calil e Flávio Rodrigo Penteado. Até onde pude investigar, não encontrei informações detalhadas do projeto da Radio Infantil. Não sabemos se seria uma rádio com programação voltada para as crianças ou uma rádio gestada pelas próprias crianças. Se a iniciativa tivesse prosperado, certamente alcançaria as centenas de crianças que frequentavam os parques infantis nas periferias de São Paulo nos anos 30, sob a gestão de Mário de Andrade.

★ ★ ★

Mário de Andrade e as crianças dos parques, 1937.
© B.J. Duarte. Parque Infantil Dom Pedro II. Acervo Fotográfico do Museu da Cidade de São Paulo.

Em primeiro plano, vemos o escritor Mário de Andrade, em meio a crianças que frequentavam o Parque Infantil Dom Pedro II, no bairro operário do Brás. O Departamento de Cultura de São Paulo, sob a gestão do escritor, administrava quatro parques infantis operários, localizados em bairros populares de grande concentração de imigrantes estrangeiros,[43] que ali se estabeleceram a partir de fluxos migratórios promovidos pelo Governo Brasileiro desde fins do século XIX, no quadro da expansão cafeeira e, posteriormente, no contexto da nascente industrialização paulista. Na imagem, Mário de Andrade se agacha para conversar com as crianças, vestidas a caráter para os bailados folclóricos da Marujada e da Nau Catarineta. Ao fundo, homens e mulheres bem vestidos confraternizam. O escritor parece alheio ao grupo de adultos. Seu olhar se volta apenas às crianças. Só elas parecem importar naquele momento.

---

43. Os quatro parques infantis em funcionamento na cidade de São Paulo, durante a gestão de Mário de Andrade, eram: Parque Infantil Pedro II, Parque Infantil da Lapa, Parque Infantil do Ipiranga e Parque Infantil de Santo Amaro.

Abaixo da aba do chapéu, sobressai uma grande orelha, exposta à presença das meninas. Certa atmosfera de sussurro e segredo emana da imagem que sugere uma espécie de parênteses, uma bolha espaço-temporal. Tudo o mais fica de fora, como se existindo num outro ritmo. Entre Mário e as crianças forma-se um conluio, uma comunidade concentrada de atenção. O que será que ele diz às meninas? Palavras de encorajamento e elogio? O corpo do escritor se curva, equiparando as estaturas, num gesto que poderíamos ler como reverente e anti-hierárquico, e que não deixa de expressar também, nas palavras de Antônio Cândido, proferidas em contexto diverso, "uma luta ombro a ombro pela cultura [...] a tentativa consciente de arrancá-la dos grupos privilegiados para transformá-la em fator de humanização da maioria [...] fazer da arte e do saber um bem comum."[44]

A foto, clicada pela câmera de Benedito Junqueira Duarte (vulgo B.J. Duarte), de um conjunto total de 288 imagens, abrigadas no Acervo fotográfico do Museu da Cidade de São Paulo (AFMC, Secretaria Municipal de Cultura), captura e irradia de modo emblemático a energia político-afetiva do projeto dos Parques Infantis. Funcionavam em tempo integral, atendendo às filhas e aos filhos de população operária majoritariamente estrangeira e recebida com desconfiança por diversos setores das elites paulistanas.[45] Afinal, como observa com mordacida-

---

[44]. Ao mencionar "uma luta ombro a ombro" pela cultura nacional, Antônio Cândido refere-se à parceria entre Mário de Andrade e Paulo Duarte no âmbito do Departamento de Cultura de São Paulo. A fala de Cândido está registrada no Prefácio ao livro *Mário de Andrade por ele mesmo*, organizado por Paulo Duarte (1977, xiv- xv).
[45]. S. Rubino, "O modernista professor – incompleta", in: Itaú Cultural. São Paulo, 2013, 1. ed.

de Silvina Rubino, curadora da exposição "Ocupação Mário de Andrade", exibida no Espaço Itaú Cultural de SP em 2013, entre as práticas transladadas pelos operários estrangeiros estavam a luta pelos direitos trabalhistas e a tática de greve. O Departamento de Cultura se interessou em saber quem eram essas pessoas. Que etnias, culturas, costumes, línguas, manifestações artísticas, jogos, hábitos alimentares e até doenças traziam os recém-chegados?[46] Junto ao empenho de documentar e valorizar as diferenças, havia certamente também o desejo de "abrasileirar" os estrangeiros, familiarizando-os com a língua nacional e com as manifestações artístico-culturais do Brasil. A forte presença do folclore brasileiro nas atividades parqueanas responde a esse anseio maior. Ademais, como argumenta Luisa Valentini, se por um lado os parques infantis eram espaços estratégicos de ação na cidade, em prol do bem estar das populações imigrantes e operárias, por outro, as crianças que ali

---

46. Uma amostragem expressiva da produção acadêmica gerada a partir dos dados coletados das crianças nos Parques Infantis foi publicada na Revista do Arquivo Municipal (RAM), veículo oficial do Departamento de Cultura de São Paulo, voltado à divulgação científica das pesquisas sociológicas, etnográficas, musicais, demográficas, médicas, sanitárias, dentre outras. A RAM era dirigida pelo próprio Mário de Andrade e secretariada por Sérgio Milliet. Em consulta a diversos números da revista, cujo acervo está abrigado no Arquivo Histórico Municipal de São Paulo, nota-se a preocupação em mapear, capturar e modelar as populações investigadas nos parques, prevalecendo um linguajar de cunho biológico e higienista em muitos dos artigos publicados, como se pode ver pelos seguintes títulos: "Análise dos Programas para o concurso de Educadoras Sanitárias de Parques Infantis" (RAM, nº32, 1937); "Técnica do jogo infantil organizado"; "A alimentação das crianças" (RAM, nº 33, 1937); "A pediculose nos PIs de São Paulo"; "Dextrismo e Ambidextrismo" (RAM, nº 35, 1937); "Ascendência das crianças registradas no Parque Dom Pedro II" (RAM, nº 39, 1937); "Vícios e defeitos na fala da criança operária – no seu aspecto médico, fonético e pedagógico."

afluíam na condição de futuros cidadãos brasileiros, eram "alvo preferencial da modelagem da população da nova cidade que emergia do fluxo imigratório e da industrialização".[47] Por meio da observação minuciosa das crianças (cobaias?),[48] buscou-se assim conhecer e mapear as diferentes colônias imigrantes na cidade sob os mais diversos aspectos, gerando dados, estatísticas e políticas públicas, que conferiam à infância um protagonismo inédito no imaginário político do país.

Nos amplos espaços ao ar livre, meninos e meninas, estrangeiros e nacionais, sem separação de idades, se envolviam em atividades coletivas de desenho, pintura, jogos teatrais, cinema, dança, canto, marcenaria, costura, brincadeiras na piscina ou nos tanques de areia. Cada parque contava com uma biblioteca com um acervo de cerca de 300 livros, gerida pelas crianças parqueanas, que se organizavam em votações periódicas para decidir quem ficaria responsável pelo empréstimo e cuidado dos livros. Havia também um jornalzinho que eles mesmos produziam e ilustravam com notícias de eventos de interesse, cartas

---

47. L. Valentini, "Mário e os parques infantis: antes e além da pesquisa", in: Itaú Cultural. São Paulo, 2013, 1. ed.
48. A pesquisa doutoral de Kátia Danailof, intitulada "Crianças na trama urbana: as práticas corporais nos Parques Infantis de São Paulo dos anos 1930" (Faculdade de Educação, Unicamp, 2006) problematiza a utilização do corpo infantil como "fonte viva de informação": "observado, medido, esquadrinhado, as técnicas corporais seriam catalogadas e serviriam como ponto de partida para a compreensão das diferenças culturais dos povos, caracterizadas física e culturalmente." (p. 13). A pesquisadora aponta as contradições inerentes ao projeto dos Parques Infantis. Eram espaços de lazer ativo, dedicados a proporcionar às crianças de baixa renda atividades culturais e artísticas, bem como acesso à assistência de saúde, com profissionais como bibliotecários, professores, músicos, sanitaristas, médicos e dentistas. Ao mesmo tempo, a leitura e controle dos corpos infantis pelos códigos da biologia colaboravam em processos de controle e modelagem das populações imigrantes.

enigmáticas, palavras cruzadas, versos. As crianças assumiam a gestão partilhada do espaço, elegendo por voto secreto os seus representantes do Clube do Parque e fazendo-se propositoras de conteúdos e atividades. Nos vários concursos de desenho que Mário de Andrade promoveu nos parques, com recursos de seu próprio salário, havia a recomendação expressa, fixada por escrito no item 5 do regulamento, de que os adultos não interferissem de forma alguma nas criações infantis, restringindo-se a escrever no verso das folhas o nome e a idade da criança, bem como a nacionalidade do pai e da mãe: "é absolutamente proibido sugestão e muito menos correção dos instrutores ou quem quer que seja aos trabalhos das crianças". Esses desenhos foram agregados posteriormente à coleção particular de Mário de Andrade (que juntou mais de 2.000 desenhos) e serviram de fonte de pesquisa e elaboração de um curso sobre arte infantil que ele daria posteriormente no Instituto de Artes da Universidade do Distrito Federal no Rio de Janeiro.

Cabe acrescentar que, em meio à efervescência lúdica no cotidiano dos parques, ficar à toa era também um divertimento bastante praticado pelas cerca de 300 a 400 crianças que diariamente acorriam àqueles espaços. Não fazer absolutamente nada de útil, repousar embaixo das árvores ou deitar ao sol, desperdiçar o tempo. Na foto ao lado, pequenas Macunaímas, cultivando a preguiça.

"A arte nasceu porventura de um bocejo sublime" escreveu Mário de Andrade no artigo "A divina preguiça" (1918). Acreditava que só no relaxamento, em estado de descanso, surge o ócio criador. Uma das professoras que atuava nos parques comenta em depoimento à Revista Escola Municipal: "Havia o momento do repouso e, quando o dia estava bonito, iam ficar deitadinhos

Parque Infantil do Ipiranga. Tipos de frequentadores dos parques, 1937.
© B.J. Duarte.
Acervo Fotográfico do Museu da Cidade de São Paulo.

na grama, à sombra. O repouso era o que mais eles gostavam.[49] A fala singela, em tom menor, suaviza o que há de perigoso e intempestivo na pausa, no gesto incisivo de interromper as demandas por produtividade e ação. Sobretudo se considerarmos que se trata dos filhos do operariado, uma classe marcadamente definida por sua relação com o mundo laboral. Nos parques infantis, prevalecia o direito de não ingressar precocemente na sociedade do trabalho, o direito à brincadeira, o direito de exercer a autonomia de ir e vir (já que a frequência nos parques não era compulsória), o direito de livre circulação em espaços amplos, arborizados, públicos e gratuitos, o direito de usufruir de equipamentos lúdicos íntegros e convidativos, o direito de conviver com crianças e adultos de diferentes culturas, etnias, línguas, além dos direitos à assistência sanitária, médica e dentária, serviços também oferecidos gratuitamente naqueles espaços.

---

49. Apud Faria, 1999, p.67

Em 10 de novembro de 1937, Getúlio Vargas dilui o congresso nacional e institui o Estado Novo em pronunciamento radiofônico à nação brasileira pelo programa "Hora do Brasil." Quatro meses depois, o prefeito de São Paulo, Fábio Prado, é destituído e Mário de Andrade exonerado do cargo. A nova ordem autoritária implantada no país inviabilizava de forma incisiva as ações do Departamento de Cultura. No campo das políticas migratórias, a Era Vargas adotou leis restritivas à entrada dos refugiados da Segunda Guerra Mundial que aqui buscavam abrigo. Walter Benjamin poderia ter sido um desses fugitivos do regime nazista, em busca de um porto seguro no Brasil. É sabido que Erich Auerbach, intelectual judeu-berlinense exilado na Turquia durante a guerra, buscou assegurar para Benjamin uma posição como professor no Departamento de Alemão da recém inaugurada Universidade de São Paulo no ano de 1934.[50]

Teriam Benjamin e Mário se encontrado? Afinal, o Departamento de Cultura, criado um ano depois da USP, mantinha com a universidade paulista fortes vínculos intelectuais, engajados ambos em um projeto moderno de ação pública até então inédito no Brasil, em que se articulavam pesquisa acadêmico-científica, difusão cultural e intervenção social.[51] Sobre essa tríplice política, Benjamin e Mário teriam muito a conversar. É tentador imaginar os dois pensadores face a face, discutindo e divergindo sobre as

---

50. Um fragmento da carta de Auerbach para Benjamin pode ser lido no artigo *Walter Benjamin and Erich Auerbach: Fragments of a Correspondence* de Karlheinz Barck e Anthony Reynolds: "I thought of you approximately one year ago, when a search was being made for a professor to teach German literature in Sao Paulo. I found your Danish address at that time through the Frankfurter Zeitung and informed the proper authorities of how you could be reached but nothing came of the matter, and to have written to you from Germany would have been senseless" (Auerbach, 23 Sept. 1935).
51. Valentini, 2013, p.7

crianças de cá e de lá, sobre sua energia vital e tirânica, sobre seus gestos de insurgência e improviso. Nesse encontro imaginário, trocariam ideias sobre os usos estratégicos do rádio, na construção de utopias revolucionárias com as crianças? Desconfiariam dos perigos do rádio na instrumentalização e captura da infância para fins de modelagem e controle social? Será que em meio às discussões acaloradas, os dois encontrariam tempo para ler em voz alta trechos da obra de Kafka? No empenho de mostrar um ao outro as suas preciosas coleções, imagino Benjamin espalhar sobre a mesa o que pôde salvar na fuga: alguns brinquedos de antigamente, uns poucos livros infantis, duas ou três cartilhas russas de alfabetização, trazidas da viagem a Moscou. Mário exibe com o orgulho os desenhos e esculturas feitos pelas crianças dos parques infantis de São Paulo, junto às fotos de meninos e meninas, que tirou em suas viagens ao norte do Brasil como "turista aprendiz". Que música é essa que toca no rádio? Benjamin estranha, num português ainda claudicante. Mário se dirige até o aparelho e aumenta o volume das cirandas de Villa-Lobos. O som penetra a concha de duas grandes orelhas.

* * *

"Estar à escuta constitui hoje uma expressão cativa de um registro de afetação filantrópica na qual a condescendência ressoa junto à boa intenção, com frequência numa tonalidade piedosa."[52] O diagnóstico implacável é de Jean-Luc Nancy no

---

52. Trechos selecionados do livro À l´écoute, de Jean-Luc Nancy, podem ser lidos em português na tradução de Carlos Eduardo Schmidt Capela e Vinícius Nicastro Honesko, publicada na revista outra travessia do Programa de Pós-Graduação em Literatura da UFSC, 2013 (p.161-162).

precioso livro À *escuta*. Ali, o filósofo se põe a perguntar, ontologicamente, por uma outra qualidade de escuta. "O que é um ser entregue à escuta, formado por ela ou nela, escutando com todo o seu ser?"⁵³ O que é existir segundo a escuta? As orelhas não têm pálpebras, disse uma vez o poeta Paul Valéry. Se fecharmos os olhos, deixamos de ver. Mas se fecharmos o ouvido, ainda assim os sons penetram, porque o campo sonoro está em toda parte, é dispersivo e nos entra por invasão. O sonoro, dirá ainda Jean-Luc Nancy, é "da ordem da participação, da partilha e do contágio".⁵⁴ Para o pensador, se o olho focaliza, fixa, enquadra e põe as coisas em evidência, o ouvido as dispersa e as põe em ressonância.⁵⁵ Nesta perspectiva, podemos apreciar melhor a observação aguda de Hannah Arendt, ao afirmar que, para Benjamin, a verdade era um fenômeno exclusivamente acústico.⁵⁶ Na mesma direção, Theodor Adorno ressalta o poder de propagação do pensamento de Benjamin: "sob o olhar das suas palavras – onde quer que caísse – tudo se metamorfoseava, como se tivesse tornado radioativo."⁵⁷

---

53. p. 162.
54. p. 165.
55. p. 161.
56. "As one may read in the preface of the Origin of German Tragedy, Benjamin regarded truth as an exclusively acoustical phenomenon: "Not Plato but Adam", who gave things their names, was to him "the father of philohophy". Hence tradition was the form in which these name-giving words were transmitted; it too was an essentially acoustical phenomenon. He felt himself so akin to Kafka precisely because the later, current misinterpretations notwithstanding, had "no far-sightedness or prophetic vision", but listened to tradition, and "he who listens hard does not see" (Arendt, 1985, p. 49).
57. Esta passagem, retirada do ensaio de Adorno sobre Benjamin ("Caracterização de Walter Benjamin") é citada logo no início do texto de apresentação de Lecia Rosenthal no volume *Radio Benjamin*. A autora comenta: "Theodor

Ao propor essas considerações sobre a "radio-atividade" de Benjamin, sobre o que está em jogo quando se aciona a grande orelha da infância, em face de uma época que se preparava "para suprimir os habitantes deste planeta em massas consideráveis", como escreve em carta a seu amigo Gerschom Scholem em 1938, quero criar estratégias para pensar também sobre o que hoje nos chama e reclama escuta, sobre a abertura e alcance do nosso ouvido, sobre o risco de escutas excessivamente seletivas, sobre a responsabilidade ética nas escolhas que fazemos de quem, com quem, e com que qualidade efetivamente escutamos. Talvez as crianças possam nos dar alguma ajuda a esse respeito, como apostaram, cada um à sua maneira, Walter Benjamin e Mário de Andrade. A hora das crianças é também a nossa hora. Vestir a grande orelha de Kafka, estender o ouvido e prestar atenção.

REFERÊNCIAS BIBLIOGRÁFICAS

Adorno, Theodor. "Caracterização de Walter Benjamin". In: *Prismas*. Crítica Cultura e Sociedade. São Paulo, Ática, s/d.

Agamben, Giorgio. "Os ajudantes". In: *Profanações*. Tradução de Luísa Feijó. Lisboa: Edições Cotovia, 2006, p. 39-49.

Arendt, Hannah, "Introduction. Walter Benjamin: 1892-1949", in: Benjamin, Walter, *Illuminations*, translatated by Harry Zohn, New York: Schocken Books, 1985, pp. 1-55.

Adorno has used the term "radioactive" to describe the explosive appeal of Walter Benjamin's writings." (p. ix)

Barck, Karlheinz. Walter Benjamin and Erich Auerbach: Fragments of a Correspondence. Diacritics, Vol. 22, No. 3/4, Commemorating Walter Benjamin (Autumn - Winter, 1992), The John Hopkins University Press, pp. 81-83.

Barthes, Roland. "O rumor da língua". In: ____. *O rumor da língua*. São Paulo: Martins Fontes, 2004.

Benjamin, Walter. "Visão do livro infantil". In:____. *Reflexões: A criança, o brinquedo, a educação*. Tradução de Marcus Vinicius Mazzari. (Novas buscas em educação; v.17). São Paulo: Summus, 1984, p.55-60.

Benjamin, Walter. *Magia e técnica, arte e política. Obras Escolhidas I*. Tradução de Sérgio Paulo Rouanet, São Paulo: Brasiliense, 1985.

Benjamin, Walter. "O telefone". In: ____. *Rua de Mão Única. Obras Escolhidas II*, Volume 2ª edição, Tradução Rubens Rodrigues Torres Filho e José Carlos Martins Barbosa, São Paulo: Brasiliense, 1987.

Benjamin, Walter; Scholem, Gershom. *Correspondência 1933-1940*. Tradução de F. Rafael, Madrid: Trotta, 1987.

Benjamin, Walter. *Rua de Mão Única: Infância Berlinense: 1900/Walter Benjamin*. Edição e tradução de João Barrento. Belo Horizonte: Autêntica Editora, 2013.

Benjamin, Walter. "Reflections on Radio". In: ____. *Radio Benjamin*. Ed. Lecia Rosenthal. Translated by Jonathan Lutes, Lisa Harries Shcumann and Diana Reese. London and New York, 2014, p. 363-364.

Benjamin, Walter. "The Cold Heart": A Radio Play Adapted form Wilhelm Hauff´s Fairy Tale (with Ernst Schoen). In: Lecia Rosenthal (Ed.). *Radio Benjamin*. Translated by Jonathan Lutes, Lisa Harries Shcumann and Diana Reese. London and New York, 2014.

Benjamin, Walter. *A hora das crianças. Narrativas Radiofônicas de Walter Benjamin*. Tradução de Aldo Medeiros. Organização de Rita Ribes. Rio de Janeiro: Nau Editora, 2015.

Benjamin, Walter. "O coração gelado". In: _____. *A arte de contar histórias*. Org. Patricia Lavelle. Trad. Georg Otte, Marcelo Backes e Patricia Lavelle. São Paulo: Hedra, 2018d. pp. 167-211.

Calil, Carlos Augusto; Penteado, Flávio Rodrigo. (Orgs.). *Me esqueci completamente de mim, sou um departamento de cultura.* [textos e entrevistas de Mário de Andrade, Fábio Prado, Oneyda Alvarenga et alii...]. São Paulo: Imprensa Oficial do Estado de São Paulo, 2015.

Faria, Ana Lúcia Goulart de. "A contribuição dos parques infantis de Mário de Andrade para a construção de uma pedagogia da educação infantil." *Educação & Sociedade*, ano XX, nº 69, Dezembro/1999, p.60-91.

Fenati, Maria Carolina e HANSEN, Júlia de Carvalho. "Apresentação". *Revista Gratuita* v.3. Infância. Belo-Horizonte: Chão da Feira, 2017.

Gil, José. "A reversão". In: *O devir-criança pensamento*. Ed. Daniel Lins. Rio de Janeiro: Forense Universitária, 2009. pp. 19-33.

Kafka, Franz. "Crianças na rua principal". *Contemplação e O Foguista*. Tradução Modesto Carone. São Paulo: Brasiliense, 1991.

Lanfranconi, Ana. "Interruptores para niños: Estrategias de transmisión crítica en Aufklärung für Kinder." Enrahonar. An International Journal of Theoretical and Practical Reason 58, 2017, p. 33-51.

Lapoujade, David. *As existências mínimas*. Tradução Hortensia Santos Lancastre. São Paulo: n-1 edições, 2017.

Librandi, Marília. *Writing by Ear: Clarice Lispector and the Aural Novel*. University of Toronto Press, 2018. Traduzido ao português por Jamille P. Dias e Sheyla Miranda. *Escrever de ouvido: Clarice Lispector e os romances da escuta*. BH, Relicário Edições, 2020.

Mehlman, Jeffrey. *Walter Benjamin for Children. An Essay on His Radio Days*. Chicago and London. The University of Chicago Press, 1984.

Nancy, Jean-Luc. À l´écoute. Paris: Éditions Galilée, 2002.

Nancy, Jean-Luc. À escuta. Tradução de Carlos Eduarrdo Schmidt Capela e Vinícius Nicastro Honesko. "outra travessia". Número 15. Programa de Pós-Graduação em Literatura. UFSC, 2013, p. 161-162.

Obici, Giulano. *Condição da escuta: mídias e territórios sonoros*. Rio de Janeiro: 7Letras, 2008.

O Som ao Redor. Direção: Kleber Mendonça Filho. Produção: Emilie Lesclaux, 2013. 1 DVD (131 min).

Rosa, Guimarães. *Estas histórias*, 8ª edição. Rio de Janeiro: Nova Fronteira, 2015.

Rosenthal, Lecia. "A Two-way médium: Radio Benjamin editor Lecia Rosenthal speaks to Kester John Richardson-Dawes". Disponível em https://www.versobooks.com/blogs/2222-a-two-way-medium-radio-benjamin-editor-lecia-rosenthal-speaks-to-kester-john-richardson-dawes. Acesso em 1º maio de 2018.

Rubino, Silvana. "O modernista professor – incompleta". In: Itaú Cultural. São Paulo, 2013, 1. ed.

Souza, Marcel Oliveira de. A rádio escola do Departamento de Cultura de São Paulo: Mário de Andrade e a formação do gosto musical (1935-1938). Tese de Doutorado. Programa de Pós-graduação em Música. Escola de Comunicação e Artes. Universidade de São Paulo, 2016. 198f.

Valentini, Luísa. "Mário e os parques infantis: antes e além da pesquisa". In: Itaú Cultural. São Paulo, 2013, 1. ed.

Anne Frank, uma conversa infinita

> Não há porão mais escuro
> que este ao que desce a alma
> para esconder com palavras
> o que deveria chamar-se
>   MORTE.
> Perseguem-nos e por isso
> deixamos registro
> de sobrevivência.
> É uma homenagem ao gueto
> clausura precoce
> onde a menina aprende a trocar
> vinte e quatro horas em claro
> por segundo de escrita.[1]
>
>   Tamara Kamenszain

Em 21 de junho de 1942, a estudante Anne Frank anota em seu diário ter medo de ser reprovada em matemática. O professor Keesing, "o velho turrão", havia ficado furioso porque a jovem conversava demais durante as aulas. Como punição, manda Anne escrever uma redação sobre o tema "Uma tagarela". Como a aluna

---

1. Tamara Kamenszain, "Anne Frank". *O gueto/O esco da minha mãe*. Tradução de Paloma Vidal, Carlito Azevedo. Rio de Janeiro:7Letras, 2012, p. 51.

continuasse a falar na aula seguinte, ele exige uma nova redação com o título de "Uma tagarela incorrigível". O professor nada tem a reclamar por duas aulas seguidas, mas na terceira "ele se encheu" com o comportamento reincidente: " – Anne Frank, como castigo por falar na aula, escreva uma redação chamada 'Quac, quac, quac, tagarelou a dona pata'". A tentativa de ridicularizar a aluna rende muitas gargalhadas na turma, contudo a jovem não se acanha. Se o professor tentava fazer piada com ela, ela iria garantir "que a piada se voltasse contra ele". Escrever a famigerada redação se torna então uma demonstração de força. Com espírito combativo, mas não menos zombeteiro, Anne Frank produz um texto todo em versos sobre três patinhos que foram bicados até a morte pelo pai-cisne, porque grasnavam muito. A engenhosidade da composição encanta o professor, que se curva ao revide bem--humorado e homenageia a estudante, recitando o poema em voz alta, não apenas diante dos colegas de Anne Frank, mas também em várias outras turmas da escola. O pequeno relato desse duelo acadêmico termina assim: "Desde então ele me deixa falar e não passou deveres extras. Pelo contrário, hoje em dia, Keesing vive fazendo piadas" (entrada de 21 de junho de 1942).

A conclusão do episódio evidencia o notável poder de ação do poema, capaz de criar cumplicidade entre mestre e aluna, onde antes imperava a hierarquia disciplinadora. Trata-se sobretudo de uma cumplicidade firmada discursivamente, já que o professor abandona a língua do mando e da intimidação e adota a língua tagarela e bem-humorada de Anne Frank. Ele não apenas passa a fazer piadas regularmente, mas se torna também um recitador das palavras que a estudante produziu, entoando-as com a própria voz e referendando-as em dimensão pública no espaço escolar. Nessa queda de braço com as palavras, não há dúvida de que a estudante sai vitoriosa. De fato, Anne Frank parece ter compreendido muito cedo que o campo discursivo é zona de conflito e que o manejo criativo da escrita pode ser um fator decisivo nessa batalha. Afinal, o poema dos patinhos *age* de forma incisiva no mundo, ao alterar o campo de forças existente, reconfigurar as interações humanas, embaralhar os lugares habituais de fala e expandir, com rebeldia, as formas de dizer do professor. O poema devém ato insurgente, que desloca o interlocutor sisudo de sua posição professoral, propondo-lhe a aquisição de uma nova língua – um *qua, qua, qua* renitente que desabilita a voz impostada do mestre, conferindo-lhe um novo registro, menos controlado e mais visceral. Afinal, quem aprende a grasnar como os patos abre-se a uma experiência de metamorfose, que afeta a própria autoridade do falante. Já não se pode supor que o professor seja "dono" exclusivo de seu discurso, já que falam ali outras vozes, insidiosas, infiltradas. Vozes sobreviventes?

Os patinhos não querem morrer e grasnam alto para chamar a vida. A escrita de Anne Frank amplifica esse canto vital, aumenta a voltagem das palavras, fazendo uma aposta alta em seu poder de propagação e impregnação. Pela escrita, fazer valer a tagarelice, tomada aqui como sinônimo de uma língua desimpedida. No sufoco, tornar a escrita, mesmo a mais solitária e confinada, num local superpopuloso e de grande circulação, que chama os leitores para uma conversa infinita.

Segundo o escritor italiano Ítalo Calvino, "um clássico é um livro que nunca terminou de dizer aquilo que tinha para dizer".[2]

---

2. I. Calvino, *Por que ler os clássicos*, tradução de Nilson Moulin, São Paulo: Companhia das Letras, 2007, originalmente publicado em 2002, p.11.

Essa feição "tagarela" não se mede pelo número de páginas da obra, mas por sua qualidade germinativa. A obra não se esgota na primeira leitura e mantém viva a capacidade de gerar inquietude. Se O Diário de Anne Frank fala ainda hoje, é porque continua a proliferar perguntas e a encorajar leitores de diversos tempos e lugares a imaginar o mundo diferentemente. E tal poder de mobilização da obra conecta-se certamente à presença de uma narradora talentosa e bastante atenta à construção do texto e aos seus potenciais efeitos de leitura. Em geral, costuma-se valorizar no diário o seu caráter espontâneo, destituído de preocupações literárias, como se o teor de verdade da obra fosse incompatível com a criação artística. Ou bem testemunho da guerra, ou bem obra literária. Tal dicotomia só enfraquece a complexidade do diário. Qualquer experiência transformada em escrita é reinventada. Quando a pessoa de carne e osso se converte em narradora de si mesma e sua vida passa a ser contada com palavras, seria ingênuo supor que a linguagem refletisse de modo integral e transparente o "mundo real". A passagem do mundo à página produz necessariamente reconfigurações do vivido, mesmo porque escrever implica mobilizar uma série de convenções, ainda que muitas vezes estas nos pareçam invisíveis.

É possível que sequer reparemos na alternância inteligente no texto entre "mostrar" e "contar", ou seja, entre apresentar a cena em discurso direto, utilizando travessões para indicar a fala dos personagens, e comentar a cena em discurso indireto pela interferência da narradora, mas trata-se de expedientes narrativos que interferem de maneira expressiva na experiência de leitura do diário. Por exemplo, na entrada de 10 de março de 1943, a jovem escritora relata a reação de uma das ocupantes do anexo secreto aos disparos incessantes de canhões vindos de fora, utilizando com mordacidade o jogo entre discurso direto e indireto. A interferência da narradora produz comentários ácidos à fala da sra. Beaverbrook e faz pouco de seu pavor, construindo assim uma lente crítica para "ver" a cena:

Os canhões que atacam fazem tanto barulho que você não consegue ouvir a própria voz. A sra. Beaverbrook, a fatalista, praticamente caiu no choro e disse, numa vozinha tímida:
– Ah, é tão horrível. Ah, os canhões fazem tanto barulho! – O que é outra maneira de dizer: "Estou tão apavorada!" (Entrada de 10 de março de 1943)

A forma como nos aproximamos da situação descrita acima e de tudo aquilo que nos é dado a ver e sentir a cada página do diário é um efeito de certos modos de dizer. A escrita cria mediações, produz perspectivas de aproximação e distanciamento das situações narradas, faz recortes, filtra, amplia ou reduz cenas, varia o ritmo do relato, demorando-se mais ou menos tempo neste ou naquele episódio, destaca um detalhe expressivo e, também, nos cega para a percepção de outros tantos.

A mobilização dessas estratégias não torna o diário menos autêntico ou verdadeiro e sim amplia nossa experiência imaginária, permitindo-nos intensificar nosso contato com a história de Anne Frank. Ao fim e ao cabo, não estamos diante de um registro informativo da guerra. O diário não nos pede que simplesmente *constatemos* o ocorrido, mas que façamos algo muito mais ousado e contundente: *imaginar* a vida que vibra naquelas páginas. "O diarista que ergue uma caneta em tempos de guerra começa a contra-atacar a amputação da imaginação que ameaça nossas capacidades de empatia e compaixão".[3] A frase faz parte do texto de apresentação do livro *Vozes Roubadas: Diários de guerra*, significativa antologia que reúne quatorze diários escritos por crianças e jovens em meio a conflitos ao redor do mundo. Em todos os diários compilados no livro, as organizadoras Melanie Challenger e Zlata Filipovic observam um denominador comum, também flagrante nas páginas de Anne Frank: a determinação em sobreviver está conectada à obstinação da escrita. Contra o imperativo nazista "é preciso que tu não sejas", as palavras martelam afirmativamente "nossa obsessão em ser", para retomar os termos usados por Robert Antelme, no assombroso livro *A espécie humana*, em que reconta sua experiência nos campos de Gandersheim e Dachau.[4] É desse embate feroz que se alimenta a escrita testemunhal. Cria-se um campo de ação para o exercício da subjetividade, mantendo ativa a capacidade de fabular, de projetar enredos e emoções, de perspectivar o vivido, de ensaiar sentidos para experiências silenciadoras, que empurram o humano, literalmente, para a combustão. Criam-se com palavras zonas de respiro em meio a universos irrespiráveis, por onde a experiência sensível possa circular e se expandir.

---

3. M. Challenger; Z. Filipovicn(Eds.), *Vozes roubadas: diários de guerra*, tradução de Augusto Pacheco Calil, São Paulo: Companhia das Letras, 2008, p. 25.
4. R. Antelme, *A espécie humana*, tradução de Maria de Fatima Coutto, Rio de Janeiro: Record, 2013, originalmente publicado em 1957, p.85.

Como datar a vida por um fio?

Soprar vida na linguagem, fazer da linguagem um espaço vital: "Para quem não tem mais pátria, é bem possível que o escrever se torne a sua morada." A frase do filósofo alemão Theodor Adorno, extraída do livro Minima Moralia,[5] ecoa e desloca a proverbial associação do povo judeu como povo do livro, para quem a Torá é uma tenda portátil, que pode ser transportada em momentos de perigo, para acompanhar e suster o povo em sua longa história de nomadismos e desterros. No contexto da Shoá,[6] a frase de Adorno já não mais imagina uma comunidade reunida ao abrigo do livro, sob a proteção divina. A relação com a palavra escrita ganha uma dimensão agônica, desamparada dos elos comunitários e religiosos. Acentua-se a sensação de isolamento do indivíduo diante da tarefa de erguer solitariamente, de próprio punho, uma casa-palavra onde possa vir a habitar. E por habitável, entende-se aqui a possibilidade de estabelecer, pela via da escrita, um local em que se possa existir, em que se possa manifestar a vida, e não apenas em sua dimensão subjetiva, mas também em sua dimensão mais corpórea e elementar. Pois ao correr o lápis sobre o papel, letra a letra, o que vai ali impresso, para além do conteúdo narrado, é o próprio gestual do corpo, empenhado em prolongar as linhas da vida pelas linhas do texto. Cada nova página do diário testemu-

---

5. T. Adorno, Minima Moralia: reflexões a partir da vida danificada, tradução de Luiz Eduardo Bica. 2. ed., São Paulo: Ática, 1992, originalmente publicado em 1951, p.75.
6. A palavra hebraica Shoá, que significa destruição/ruína/catástrofe, remete ao Holocausto perpetrado pelo estado alemão nazista na Segunda Guerra Mundial.

nha a conquista de mais um dia de vida. Pois onde há escrita, há corpo, há mãos, há gesto, há respiração. É esta dimensão palpável das experiências de guerra que se torna também perceptível no diário de Anne Frank. Encontramos ali um texto "quente", em que se pode sentir a "impressão digital da carne", como expressou com precisão a escritora sul-africana Nadine Gordimer, citada no prefácio à coletânea *Vozes Roubadas*.

Nessa perspectiva, podemos ler o recurso à datação no diário como impressão digital de um esforço – subjetivo e corpóreo – de estabelecimento de uma cronologia de vida que faça frente às rupturas e descontinuidades da experiência sofrida. Como registrar no tempo sucessivo das datas uma experiência de exceção, que interrompe violentamente o fio da vida, cancelando o futuro num sótão apertado? Essa tensão estirada marca a escrita do diário. Ali, inscreve-se um embate entre a condição absolutamente excepcional da diarista e os registros "cotidianos" de uma adolescente "típica". O uso de aspas marca a impertinência desses termos, que soam deslocados, fora de lugar, frente a uma situação de vida e escrita que nada tem de típica ou rotineira. As datas no diário expõem um contrassenso. Delas, se pode dizer aquilo que Guimarães Rosa, em contexto muito diverso, prefaciou sobre seu livro *Tutameia*: "O livro pode valer pelo muito que nele não deveu caber".[7] De forma análoga, a força do texto de Anne Frank está também em seus silêncios e ausências. As datas que antecipam cada entrada no diário evidenciam um desencaixe acentuado, posto que o teor indomável da experiência rivaliza

---

7. G. Rosa, "Aletria e Hermenêutica". Prefácio, *Tutameia: terceiras estórias*, 6ª edição, Rio de Janeiro: Nova Fronteira, 1985, p.11.

com as tentativas de encadeamento temporal. Ali está um material que pressiona, excede e rasura os dispositivos de contenção e organização próprios ao gênero-diário:

> Sexta-feira, 10 de março de 1944.
> Minha querida Kitty, O provérbio "A desgraça nunca vem sozinha" definitivamente se aplica ao dia de hoje. Peter acabou de dizer isso. Deixe-me contar todas as coisas horríveis que aconteceram e que ainda estão pairando sobre nossas cabeças.

O que as datas marcam com aterradora regularidade, entrecortando a banalidade dos dias, é o agravamento das privações. À medida que o tempo passa, as possibilidades de vida ali se tornam mais tênues. E, no entanto, paradoxalmente, *algo* persiste. Dentre os dispositivos de resistência que Anne Frank ativa para manifestar a vida em espaço exíguo, impõe-se a relação cotidiana e desmedida com a escrita, *apesar de tudo*. Por isso as datas marcam também o ritmo de uma renovação incessante desta conexão com as palavras, o que confere ao diário uma energia pulsional fortíssima. Afinal, tudo ali está por um fio, sempre na iminência do gesto interrompido. A narrativa concentra esse sentido de urgência. É preciso anotar mais uma vez, porque o silêncio ameaça se impor a todo momento.

Sou minha crítica mais feroz

Tal investimento contundente no ato de escrever transparece em diversas passagens do diário, em que Anne Frank expressa consciência autoral e avalia a qualidade de seus escritos, projetando a autoimagem de uma escritora ciosa de suas práticas:

> Sou minha crítica melhor e mais feroz. Sei o que é bom e o que não é. A não ser que você escreva, não saberá como é maravilhoso; eu sempre reclamava de não conseguir desenhar, mas agora me sinto felicíssima por saber escrever. E se não tiver talento para escrever livros ou artigos de jornal, sempre possa escrever para mim mesma. (Entrada de 5 abril de 1944)

Desde a abertura do diário, Anne Frank demonstra também preocupação em tornar seu relato envolvente para futuros leitores, projetando uma sobrevida aos seus escritos: "Quero continuar vivendo depois da morte! E é por isso que agradeço tanto a Deus por ter me dado este dom, que possa usar para me desenvolver e para exprimir tudo o que existe dentro de mim" (entrada de 5 de abril de 1944). Ela se coloca constantemente na posição de leitora de seus próprios registros e assim antecipa reações possíveis ao relato, ajustando a estrutura do texto para capturar a atenção de quem lê. Preocupada em não deixar os leitores no escuro, procura situá-los na trama e no formato epistolar, já que o diário é composto por uma série de cartas a "Kitty", interlocutora imaginária que dá nome ao diário. Para tanto, produz uma pequena e esclarecedora introdução:

> Foi por isso que comecei o diário. Para melhorar a imagem do amigo há muito tempo esperado em minha imaginação, não quero jogar os fatos neste diário do jeito que a maioria das pessoas faria; quero que o diário seja como uma amiga, e vou chamar esta amiga

de Kitty. Como ninguém entenderia uma palavra de minhas histórias contadas a Kitty se eu mergulhasse direto nelas, é melhor dar um breve resumo de minha vida, *por mais que eu não goste de fazer isso* (Entrada de 20 de junho de 1942, grifo meu).

O que significa escrever sem gostar "de fazer isso", escrever "contra a vontade"? Não seria resistir à escrita espontânea em favor de uma estrutura narrativa mais atenta aos leitores? Anne Frank manifesta diversas vezes ao longo do diário as suas tomadas de decisão, bem como as suas dúvidas acerca do que revelar, sempre tendo como horizonte um leitorado em potencial. Daí o empenho em descrever cada detalhe da arquitetura do sótão, num minucioso esquadrinhar que em nada serve à própria diarista, que certamente conhecia tão bem aquele espaço, mas que atende às lacunas de quem lê, provendo o mobiliário necessário para que imaginemos o lugar, como bem observa a crítica norte-americana Francine Prose, em seu detalhado estudo sobre o diário:

> Uma escada de madeira liga o corredor de baixo ao terceiro andar. No topo da escada há um patamar com portas dos dois lados. A porta da esquerda leva à área de depósito de temperos e aos sótãos na parte frontal da casa. Um lance de escadas tipicamente holandês, muito íngreme, também leva da parte da frente da casa até outra porta que se abre para a rua. A porta à direita do patamar leva ao Anexo Secreto nos fundos da casa. Ninguém jamais suspeitaria da existência de tantos cômodos por trás daquela porta cinza e lisa [...]. Aí está. Agora já apresentei a você todo o nosso adorável Anexo! (Entrada de 9 de julho de 1942)

No dia seguinte, Anne Frank reavalia o excesso descritivo e apresenta sua justificativa: "Provavelmente deixei você chateada com minha longa descrição da casa, mas ainda acho que você deveria saber onde fomos parar" (entrada de 10 de julho de 1942). Assim a escrita vai calibrando habilmente porções mais objetivas, dedicadas a sondar o ambiente físico, a outras de maior densidade introspectiva, de sondagem interior, criando um texto dinâmico, numa estrutura que Prose chamou de "composição sinfônica":

> Parte do que nos mantém lendo com tão embevecida atenção são as mudanças regulares, mas imprevisíveis, entre opostos de tom e conteúdo – entre domesticidade e perigo, entre o privado e o histórico, entre metafísica e alta comédia. Uma das mais intrigantes dessas oposições é a tensão entre o extraordinário e o banal, o extremo e o normal, o jovem gênio e a adolescente típica.[8]

A crítica corrobora a tese de que o diário é uma obra-prima literária e não apenas uma compilação de efusões espontâneas de uma adolescente de 13 anos. Suas páginas não seriam simplesmente escritas, mas *pensadas* por uma escritora consciente de seus recursos estilísticos e empenhada em se auto editar para atingir de forma mais vívida a sensibilidade dos leitores.

Com base na *Edição Crítica do Diário*, publicada pelo Instituto Holandês para Documentação de Guerra em 1986, Francine Prose chama a atenção para o fato de que o *Diário* publicado por Otto Frank, pai de Anne, foi, na verdade, uma compilação de

---

8. F. Prose, *Anne Frank: a história do diário que comoveu o mundo*, tradução de Maria Luiza X. de A. Borges, Rio de Janeiro: Jorge Zahar Ed., 2010. p. 95.

duas versões: Anne Frank escreveu o primeiro rascunho aos treze anos, em um caderno de capa dura, e a segunda versão foi reescrita aos quinze, em folhas avulsas, que trazem evidências de seu processo criativo, contendo revisões das páginas originais. Nas semanas que precederam sua prisão, Anne dedicara-se a reescrever porções significativas de seu rascunho inicial, além de produzir uma lista de pseudônimos que pensava utilizar em substituição aos nomes dos companheiros do Anexo Secreto, preocupada que estava em não ferir as pessoas com que convivera, caso o livro chegasse a ser lido na posteridade.

Como nos mostra Prose, estudos comparando a evolução da caligrafia de Anne Frank, ao longo dos dois anos em que ficou escondida, atestam que algumas entradas com data de 1942 foram de fato reescritas por Anne em 1944. Graças aos seus méritos como escritora, Anne consegue reencenar, aos 15 anos, de uma perspectiva mais madura, a menina tagarela e impetuosa que ela fora aos 13 e que, seguramente, já não era mais no momento em que reescreve o original.

Ademais, quando Anne escreve na anotação de 20 de junho de 1942 – "não estou planejando deixar que ninguém mais leia esse caderno de capa dura que geralmente chamamos de diário" –, ela já não está mais de fato escrevendo naquele caderno e sim nas folhas avulsas. Suas revisões indicam que pretende publicar o material, na esperança de estar contando uma história que responderá ao apelo do ministro da Educação da Holanda no exílio, como nos explica mais detalhadamente Prose:

> Em 29 de Março de 1944, os moradores do anexo secreto se reuniram em volta do rádio clandestino para ouvir um programa de notícias da Holanda transmitido de Londres. No decorrer do programa, Gerrit

Bokestein, o ministro de Educação, Arte e Ciência do governo holandês no exílio, reivindicou o estabelecimento de um arquivo nacional para abrigar "os documentos comuns" diários, cartas, sermões e assim por diante, escritos por cidadãos holandeses durante a guerra. Esses papéis, disse o ministro, ajudariam gerações futuras a compreender o que o povo da Holanda havia sofrido e superado.[9]

Anne Frank relata esta audição de rádio e comenta como no anexo "todo mundo lembrou imediatamente do meu diário" (entrada de 29 de março de 1944). Fica evidente que os escritos de Anne Frank parecem a todos e a ela própria um material relevante para o almejado arquivo nacional holandês, a ser produzido com os diários e cartas escritos por pessoas comuns durante a guerra. A partir da primavera de 1944, Anne começa então a editar o caderno de capa dura, buscando aperfeiçoar o livro que pretendia ver divulgado no pós-guerra. Em suas reelaborações do original, Anne discursa sobre ela mesma, desdobrando-se em dois para refletir-se "como se fosse uma estranha":

> Tenho uma característica notável que pode ser óbvia para qualquer pessoa que conviva comigo há algum tempo: eu me conheço bastante. Em tudo que faço, *posso me ver como se fosse uma estranha*. Posso me afastar da Anne de todos os dias e, sem preconceitos ou sem me desculpar, ver o que ela está fazendo, tanto as coisas boas quanto as ruins. Essa autoconsciência nunca me abandona, e todas vez que abro a boca, penso: "Você deveria ter dito isso de um modo diferente", ou "Está ótimo assim" (Entrada de 15 de julho de 1944, grifo meu).

---

9. F. Prose, *Anne Frank: a história do diário que comoveu o mundo*, tradução de Maria Luiza X. de A. Borges, Rio de Janeiro: Jorge Zahar Ed., 2010, p. 18.

Tal disposição para observar-se "de fora" é responsável por momentos de grande força imaginativa, porque nos desdobramentos da voz narrativa está o princípio ativo da produção ficcional. Dito de outra forma, o exercício de "ser mais de um" abre caminhos para que as coisas descritas pela diarista possam se transformar em "outras". Um exemplo cômico deste desdobramento inventivo está no trecho em que Anne Frank imagina um "duplo" para o seu diário, na figura de uma vaca entediada:

> Querida Kitty,
> Hoje de manhã me perguntei se você já se sentiu como uma vaca, tendo de ruminar minhas notícias velhas sempre e sempre, até ficar tão cheia dessas monotonias a ponto de bocejar e desejar secretamente que Anne descubra alguma coisa nova. (entrada de 28 de janeiro de 1944)

A ironia é um dos benefícios desse dispositivo de duplicação e deslocamento metafórico, por meio do qual renovamos o olhar para o mundo e para nós mesmos, reinventando assim a paisagem do possível, com senso crítico e imaginação. Não há nada de trivial nessa atitude de desencaminhar as coisas de seu habitat "natural" e de transferi-las para novas e inusitadas paragens. O diário-como-vaca é uma imagem potente e ousada, espécie de imaginação extrema, nas raias do *nonsense*. Ao arrastar o diário para a paisagem do pasto não se está a afirmar também que mesmo a cena mais implausível pode ganhar uma forma? Por mais sombrias as condições de produção do diário, a ação de escrever parece manter acesa a possibilidade de que nada se mantenha em definitivo, de que tudo possa vir a ser diferente.

Na derradeira entrada do dia 1º de agosto de 1944, Anne desdobra-se uma última vez: "... e tento achar um modo de me transformar no que gostaria de ser e no que poderia ser se..." Sabemos que a imaginação de Anne Frank foi radicalmente suprimida três dias depois, quando a Grüne Polizei arrombou o Anexo Secreto. Há mais de setenta anos, leitores de todo o mundo têm respondido ao silêncio imposto, ao abrirem o Diário para deixar falar o que ainda não terminou de falar.

REFERÊNCIAS BIBLIOGRÁFICAS

Adorno, Theodor. Minima Moralia: reflexões a partir da vida danificada. Tradução de Luiz Eduardo Bica. 2. ed. São Paulo: Ática, 1992. Originalmente publicado em 1951.
Antelme, Robert. A espécie humana. Tradução de Maria de Fatima Coutto. Rio de Janeiro: Record, 2013. Originalmente publicado em 1957.
Calvino, Italo. Por que ler os clássicos. Tradução de Nilson Moulin. São Paulo: Companhia das Letras, 2007. Originalmente publicado em 2002.
Challenger, Melanie; Filipovic, Zlata (Eds.). Vozes roubadas: diários de guerra. Tradução de Augusto Pacheco Calil. São Paulo: Companhia das Letras, 2008.
Frank, Anne. Diário de uma jovem. Tradução de Yolanda Steidel de Toledo. Belo Horizonte/São Paulo: Itatiaia, 1972 [1947].
Prose, Francine. Anne Frank: a história do diário que comoveu o mundo. Tradução de Maria Luiza X. de A. Borges. Rio de Janeiro: Jorge Zahar Ed., 2010.

Esconde-esconde com a morte: contratempos

Parto de uma pequena pista de leitura, colhida de uma entrevista de Maria Filomena Molder, filósofa portuguesa, tradutora e comentadora perspicaz da obra de Walter Benjamin. Nessa entrevista, Molder propõe uma aproximação inusitada entre dois textos a princípio muito distantes do pensador alemão: "A Tarefa do Tradutor," intricado ensaio de 1923, e "Criança Escondida", curto fragmento de *Rua de Mão Única* de 1928, cujo início é transcrito abaixo, na tradução de João Barrento:

> Já conhece todos os esconderijos da casa, e volta a eles como a uma morada onde sabemos que iremos encontrar tudo no seu lugar. O coração palpita, prende a respiração. Aqui, está encerrada no mundo da matéria. Este torna-se-lhe extremamente nítido, aproxima-se sem uma palavra. Como um enforcado, que só então toma plena consciência do que são a corda e a madeira. A criança atrás das cortinas torna-se ela própria algo de esvoaçante e branco, um fantasma.[1]

---

[1] W. Benjamin, "Criança escondida", in *Rua de Mão Única: Infância Berlinense*, edição e tradução de João Barrento, Belo Horizonte: Autêntica, 2013, p. 36.

A propósito dessa passagem, Molder comenta:

É interessante pensar na afinidade entre o jogo das escondidas, tal como aqui é exposto pelo autor, e a noção de tradução que defende noutras partes, muito nomeadamente em "A Tarefa do Tradutor". Em ambos os casos, é uma espécie de abrigo que está em causa. De abrigo provisório, porém: de esconderijo, que tem que ser franqueado (no qual se entra e do qual se sai). A criança está escondida atrás da porta como o tradutor, segundo Benjamin, deve ser capaz de se alojar no texto a traduzir, nos interstícios ou intervalos desse texto, e descobrir, experimentando, por mimese, por imitação, não a sua forma externa, mas as leis internas que o regem.[2]

A sugestão de Molder convida a pensar o jogo mimético como prática comum entre o tradutor e a criança escondida. Se, para a criança, esconder-se supõe adotar a forma e as propriedades do esconderijo, para que permaneça ali camuflada e invisível aos olhos do buscador, para o tradutor trata-se também de entrar num espaço que não é o seu, numa língua que não é a sua, e deixar-se arrastar pelo som, pelo ritmo e pela textura sensível da trama verbal, pois só mergulhando no objeto e seguindo as suas exigências, pode-se verdadeiramente chegar a tocá-lo, como escreve Benjamin na *Origem do Drama Trágico Alemão*. De

---

2. M. F. Molder, "Seguir as dedadas da infância: conversa com Maria Filomena Molder". Entrevista a Emília Pinto de Almeida em 6 de outubro de 2014. Esc: ALA. *Revista Electrónica de estudos e práticas interartes*. Instituto de Literatura Comparada Margarida Losa.

fato, em toda obra do pensador, o conhecimento das coisas, do mundo material, das línguas a traduzir surge, no mais das vezes, como um rompante de saída para fora, em direção ao alheio, na busca de uma forma genuína de contato com os materiais de que nos acercamos. Paradoxalmente, esse gesto de evasão para a exterioridade envolve também uma dimensão receptiva. Ato de rendição do próprio corpo, espécie de assujeitamento da própria forma diante da forma estrangeira, como a criança que atrás da porta remolda a si mesma como um sólido inanimado, ereta, imóvel, respiração suspensa. A criança submete-se à fisionomia da porta, deixa-se comandar por ela, experimenta-a corporalmente, numa coreografia visível também nas velhas cartilhas infantis que tanto fascinaram Benjamin, aquelas em que as letras assumem as formas dos bichos e dos objetos cotidianos que nomeiam.

Confusão mimética

Só quem percorre a estrada a pé (e não em sobrevoo de aeroplano) sente o seu poder e o modo como ela, a cada curva, faz saltar do terreno plano objetos distantes, mirantes, clareiras, perspectivas, diz outra passagem bastante conhecida de *Rua de Mão Única*.[3] Tal capacidade de gerar novas formas a partir da imersão nos espaços atravessados – sejam os cantos entre

---

3. Faço aqui um recorte editado de "Mercadoria Chinesa", fragmento inserido no volume *Rua de Mão Única: Infância berlinense: 1900*, edição e tradução de João Barrento, Autêntica Editora, 2013, p. 14.

as mobílias da casa berlinense por onde se mete a criança, sejam as malhas do texto por onde se enfronha o tradutor, – encampa um gesto de ampliação das fronteiras do próprio e do alheio. Nesses intercâmbios alargados e táteis com o exterior, o que era limite abre-se como limiar,[4] canal de passagem que libera entre as formas ou as línguas em contato uma potencialidade plástica comum a todas elas, uma força de ativação de correspondências, que acende também um aviso de incêndio, sinal de perigo iminente: confusão mimética! Para a criança escondida, ronda a ameaça de ficar presa "para o resto da vida dentro da pesada porta" ou enredada "para sempre, como fantasma, nas cortinas".[5] Para o tradutor, o perigo de perder a sua língua frente às demandas do idioma estrangeiro, cedendo até o ponto em que a própria língua se torna irreconhecível, como nos balbucios de Hölderlin – "*Pallaksch. Pallaksch*" – que Paul Celan homenageou poeticamente nos versos finais do poema "Tübingen, Janeiro":[6]

---

4. Para uma discussão do jogo tátil no pensamento de Walter Benjamin ver Jeanne-Marie Gagnebin. "De uma estética da visibilidade a uma estética da tatibilidade". *Limiar, aura, rememoração: ensaios sobre Walter Benjamin*, São Paulo: Editora 34, 2014, p. 155-175.
5. W. Benjamin, "Criança escondida", in *Rua de Mão Única: Infância Berlinense*, edição e tradução de João Barrento, Belo Horizonte: Autêntica, 2013, p. 37.
6. P. Celan, "A rosa de ninguém", in *Sete rosas mais tarde*, tradução de João Barrento e Y.K, Centeno, Edição Bilingue. 3 ed. Lisboa: Cotovia, 199, p.105.

Olhos con-
vertidos à cegueira.
A sua – "são
um enigma as puras
"origens" –, a sua
memória de
torres de Hölderlin flutuando no esvoaçar
de gaivotas.
Marceneiros afogados visitando
Estas
palavras a afundarem-se:
 Se viesse,
 se viesse um homem,
 se viesse um homem ao mundo, hoje, com
 a barba de luz dos
 patriarcas: só poderia,
 se falasse deste
 tempo, só
 poderia
 balbuciar balbuciar
 sempre, sempre,
 só só.
"*Pallaksch. Pallaksch.*"

Vivendo solitariamente numa torre na cidade de Tübingen por 40 anos, Hölderlin teria inventado um idioma próprio, desobrigado da função comunicativa. Esse aspecto interessou também a Walter Benjamin, como se lê em seu ensaio "A tarefa do tradutor." Molder observa que Benjamin não chega a estabelecer uma relação causal direta entre a imersão de Hölderlin nas últimas traduções que fez de *O rei Édipo* e *Antígona*, de Sófocles, e a loucura que o tomou, quando encerrado na torre em estado de reclusão. Contudo, a filósofa pressente nas reflexões de Benjamin uma sugestão forte de que naquelas traduções, a relação de fidelidade entre o alemão e o grego se dá de forma tão acentuada que era impossível escrever em língua articulada depois disso. Cito as palavras de Benjamin, ao final do ensaio "A tarefa do tradutor":

> Nas traduções de Hölderlin, a harmonia das línguas é tão profunda que o sentido só é tocado pela língua como uma harpa eólica pelo vento [...]. Precisamente por isso habita nelas, antes de mais nada, o tremendo e originário perigo de qualquer tradução: que os portões de uma língua tão alargada e bem dominada acabem por se fechar, encerrando o tradutor no seu silêncio.[7]

Hölderlin encarna a imagem extrema e definitiva de alguém que teria passado de vez para o outro lado do espelho, abandonando o trânsito lúdico e criador que faz do traduzir e do esconder práticas da intermitência: era uma vez a língua alemã, agora já não mais. Era uma vez o grego, agora já não mais. Era uma vez um menino, agora já não mais. Agora ele era cortina, agora já não mais. Agora ele era porta, agora já não mais.[8] O ir e vir incessante entre a criança

---

7. Tradução de Susana Kampff Lages, publicada num volume organizado por Lucia Castello Branco (referido na bibliografia), em que estão incluídas outras três traduções do ensaio benjaminiano "A tarefa do tradutor": as de Fernando Camacho, Karlheinz Barck e João Barrento. *A tarefa do tradutor, de Walter Benjamin: quatro traduções para o português*, org. Lucia Castello Branco, Belo Horizonte: Fale UFMG, 2008.p. 81.
8. Ecoo aqui Maria Filomena Molder (2014), quando associa o impulso mimético ao princípio lúdico e experimental do "eu agora era..." (s/p).

e os objetos ou entre o tradutor e as línguas produz uma dinâmica temporal de feição contrapontística, em que as coisas são e deixam de ser uma e outra vez, num vai-e-vem entre a afirmação e a negação da vida, sem que se fixe uma das imagens apenas.

Do que foi exposto até aqui, gostaria de reter sobretudo essa energia piscante que ativa os gestos do tradutor e da criança escondida. E a sensação de perigo que perpassa ambas as atividades, movidas por um princípio de abertura e provisória rendição às formas estrangeiras com que se põem em contato.

Entro então no segundo tempo dessa reflexão, não sem antes lembrar que os perigos vindos do mundo material que acossam aquele menino escondido na casa berlinense agem também como prenúncios de perigos futuros, que expulsarão o menino já adulto de sua cidade natal e o obrigarão a escrever e a traduzir "escondido" em cidades estrangeiras como Ibiza, Nice, Sanremo, Svenborg, Paris e Portbou, seu esconderijo derradeiro. É afinal desde o exílio, no contexto da Segunda Guerra, que Benjamin escreve os espaços limiares da infância alemã, exercitando uma dinâmica temporal que Peter Szondi chamou argutamente de *futuro anterior*, como aponta Jeanne-Marie Gagnebin,[9] e que quero pensar também na chave rítmica do contratempo.

---

9. Gagnebin alude ao "futuro do pretérito" no seminal ensaio "A criança no limiar do labirinto." *História e Narração em Walter Benjamin*, São Paulo: Perspectiva, 2004, p.89. De muitas formas, minhas reflexões sobre infância nos ensaios deste livro foram impactadas pela leitura de diversos outros textos de Gagnebin, em que a infância comparece como força especulativa singular. Ver, em especial, "Infância e pensamento", *Sete aulas sobre linguagem, memória e história*, Rio de Janeiro: Imago, 2005.

Song for Night

Deixemos então o menino escondido atrás da porta em Berlim por volta de 1900 para encontrar outro menino escondido em uma floresta africana por volta de 1960. Ensaio aqui uma aproximação inicial e bastante cautelosa ao livro *Song for Night* (Canção para noite) do escritor nigeriano Chris Abani. É um desses livros que nos confrontam com um pacto intimidante e que exigem a invenção de uma pele mais grossa para tolerar o que ali vai dito. Pele que essas páginas preliminares escritas até aqui desejam criar, na produção estratégica de certa demora, que adia e prepara a entrada num texto que "arde".[10] Cabe antes uma abreviada apresentação do autor, desconhecido do público brasileiro.[11] Chris Abani é um dos expoentes da nova geração de prosadores africanos em língua inglesa, escritor premiado e reconhecido no universo anglófono, ainda não traduzido no Brasil. Nascido em 1966, Abani tornou-se prisioneiro político na Nigéria nos anos oitenta, entrando e saindo da cadeia desde os seus 16 anos, quando publica seu primeiro romance de cunho alegórico, denunciando o golpe de estado que então era levado a cabo no país por forças militares. Condenado à pena

---

10. Faço alusão aqui ao vocabulário de George Didi-Huberman no ensaio "Quando as imagens tocam o real", quando afirma que "saber olhar uma imagem seria, de certo modo, tornar-se capaz de discernir *o lugar onde arde*, o lugar onde sua eventual beleza reserva um espaço a um "sinal secreto", uma crise não apaziguada, um sintoma. O lugar onde a cinza não esfriou." (Didi-Huberman, Pós: Belo Horizonte, vol. 2, nº 4, 2012, p.214, grifo meu).
11. Para uma aproximação mais efetiva à vida, à obra e às reflexões do autor sobre literatura africana contemporânea, remeto o leitor à entrevista de Chris Abani a Yogita Goyal. "A Deep Humanness, a Deep Grace: Interview with Chris Abani". Research in African Literatures. Vol. 45, nº 3 (Fall 2014), p.227-240.

de morte anos depois, devido ao cunho fortemente antigovernamental de seus escritos, consegue ser libertado, imigra inicialmente para o Reino Unido e depois para os Estados Unidos, onde vive e leciona desde 1999. É do exílio norte-americano, na condição de intelectual expatriado, que escreve e publica em língua inglesa, *Song for Night*, obra de 2007. Trata-se de uma curta e estranha novela, narrada por um menino-soldado, que se encontra sozinho, escondido (ele também) no meio da mata, em busca de seu pelotão, do qual foi separado após a explosão de uma mina terrestre que o lança com violência ao chão, deixando-o inconsciente e provavelmente morto. É na condição de morto-vivo que essa voz espectral nos chega para entoar discursivamente uma canção para a noite, espécie de canto fúnebre ou réquiem em que se torna audível um ponto de desarticulação do sujeito, ponto em que seu estatuto como vivente já não está mais assegurado. Ainda há pouco estava vivo, agora talvez já não mais. Como nos comunica o narrador, no terreno minado da guerra, tudo acontece bruscamente. "*Everything happens rudely, at once*" [Tudo acontece de supetão, de repente].[12] No curtíssimo intervalo de um passo mal dado, ouve-se um *click*. Esse barulhinho a um tempo sutil e fatal que o narrador escuta segundos antes da mina explodir e que denota que o dispositivo foi armado e talvez já não haja mais volta – "*an ominous clicking that sounds like the mechanism of a child´s toy*" [um click assustador que soa como o mecanismo de um brinquedo infantil].[13] A novela estira esse brevíssimo

---

12. C. Abani, *Song for Night*, New York: Akashic Books, 2007, p. 45. Todas as traduções da obra de Chris Abani são minhas. Agradeço a Paulo Henriques Britto pela generosa e especialíssima interlocução.
13. *Ibidem*, p. 22.

instante que constitui uma extremidade temporal entre ser e não ser mais. E ao distender-se a narrativa por mais de 100 páginas, o acontecimento que era súbito, único e irrepetível da morte por explosão ganha uma duração inaudita. Que operações discursivas materializam essa intensificação do instante e sua proliferação numa série de mini contratempos que marcam repetidas vezes ao longo da novela essa batida ameaçadora entre vida e morte; esse cruzar intermitente da linha divisória entre ser e não ser mais?

A hipótese principal que exploro aqui é a de que esse "limbo" temporal e existencial se encarna materialmente em um conjunto de operações tradutórias que performam um vai-e-vem incessante entre as várias línguas em ação no texto, gerando uma dinâmica instável no registro discursivo que mimetiza a condição liminar do protagonista-narrador. O empenho da novela é o de maximizar a correspondência entre os eventos relatados e a linguagem que os diz. Jogo mimético que os dispositivos da tradução ajudam a encenar.

A frase de abertura da novela enuncia de forma crua e declarativa: "*What you hear is not my voice*" [o que você ouve não é a minha voz].[14] Ficamos sabendo nas linhas seguintes que o narrador não fala há três anos, pois teve suas cordas vocais arrancadas no conflito, ao ser recrutado para fazer parte de um grupo especial de crianças combatentes, cuja função é rastrear e desarmar minas terrestres espalhadas por toda a floresta. Para executar essa tarefa de alto risco, precisa ser pequeno, esfomeado e leve, de modo a evitar a explosão automática da mina, ao pisá-la. E precisa também ser mudo, para que não saia grito da

---

14. Ibidem, p. 19.

boca do menino que por acaso pise nalguma mina e se assuste com a iminência de morrer. O grito pode comprometer toda a delicada operação do pelotão que caminha silenciosamente descalço na mata e precisa de máxima concentração para ouvir o barulho do *click*. Com as pontas dos dedos do pé que ficou suspenso, enquanto o outro pé permanece apegado ao solo, grudado na mina, os pequenos trabalham cautelosamente para desativar o dispositivo letal.

O livro se configura assim como o monólogo interior de um narrador emudecido cuja língua de expressão não é o inglês que lemos nas páginas do livro, mas sim o Igbo, como nos conta o personagem, idioma tribal e familiar, silenciado pela história colonial, que impôs a língua inglesa às populações autóctones. (Cabe abrir um parênteses para apontar o quanto essa situação do enredo repercute também no lugar fraturado e problemático de enunciação que o próprio Chris Abani ocupa como escritor anglófono radicado nos Estados Unidos, alguém que se dirige prioritariamente a uma audiência estrangeira fora da África, para quem busca "traduzir" certas experiências do seu continente natal numa língua majoritária em que já circulam, de forma reificada, determinados sentidos de africanidade com os quais esse livro tem que lidar. Não à toa, o projeto editorial, que considero lamentável,[15] traz na capa uma foto apelativa, em tecnicolor, de um menino negro com olhos sofridos, que interpela a audiência desse lugar já inteiramente codificado para o leitorado estrangeiro como uma África da barbárie, da violência, da orfandade, à espera

---

15. Ressalto que há outra edição desta obra de Chris Abani, disponível no mercado, com um projeto editorial mais sóbrio, *Song for Night*, London/Berkley: Telegram, 2008.

da redenção por um Ocidente humanitário e sensível às atrocidades relatadas. Essa reflexão nos levaria longe demais numa discussão, deveras relevante, sobre a atividade da tradução, vinculada a uma política de leitura das relações neocoloniais com o continente africano, tópico que mereceria um desdobramento à parte).[16]

Retornemos à narrativa de *Song for Night*, estruturada como o monólogo interior de um narrador mudo, que se dirige diretamente ao leitor em inglês, mas lhe adverte: *"you are in fact hearing my thoughts in Igbo"* [na verdade, você está ouvindo meus pensamentos em Igbo].[17] Simula-se assim uma comunicação telepática entre narrador-leitor, numa língua a que não temos acesso, uma língua que caberá ao inglês traduzir. A essa demanda que pressiona o idioma inglês na direção de uma língua silenciada, soma-se mais um complicador, pois os meninos do pelotão, que tiveram suas cordas vocais arrancadas, se comunicam entre si apenas por uma língua de sinais. É, portanto, uma história que se lê em inglês, mas que no plano do enredo se desenvolve mentalmente em Igbo, na subjetividade da personagem, e se exterioriza como mímica de gestos, em língua de sinais. É interessantíssimo observar os expedientes narrativos que vão encenar, no tecido verbal, um gestual mudo de pantomima. Todos os títulos de capítulos da novela enunciam operações tradutórias entre o inglês e a língua

---

16. Para uma discussão mais alentada sobre os desafios e impasses na representação de meninos-soldado africanos na literatura contemporânea, em interface com a obra de Chris Abani, ver em especial os seguintes ensaios, referidos em detalhe na bibliografia: M. Moynagh, *"Human Rights, Child-Soldier Narratives, and the Problem of Form"*; M. Salgado, *"Vanishing points/visible fictions: the textual politics of terror"*; J.A. Kearney, *"The representation of Child Soldiers in Contemporary African Fiction"*.

17. C. Abani, *Song for Night*, New York: Akashic Books, 2007, p. 21.

de sinais: "*Silence is a steady Hand, Palm Flat*" [Silêncio é uma mão firme, palma esticada]; "*Death is two fingers sliding across the throat*" [Morte são dois dedos trespassando a garganta]; "*Listening is a hand cupping an ear like a seashell*" [Escutar é uma mão em volta da orelha como uma concha]; "*Fish is a hand swimming through the air*" [Peixe é uma mão nadando no ar]; "*Shelter is hands protecting the head*" [Abrigo é mãos protegendo a cabeça].[18]

Nessa coleção de verbetes ou definições de palavras por sua contraparte gestual, a língua ganha uma plasticidade surpreendente, como que se avoluma na direção do leitor, ganhando corpo e movimento numa encenação de tensões enunciativas que parecem implodir a superfície plana dos caracteres na página com uma força de expansão projetiva, que vejo como afinada à cena da explosão da mina que dá pulso à narrativa e informa a voz do narrador-protagonista em sua condição limítrofe. O que desejo apontar aqui é que a tradução, tomada como conjunto de operações discursivas, colabora de forma decisiva com os processos de formalização de estados de passagem, levando a língua verbal e impressa a um limiar em que ela parece transbordar para uma nova configuração tridimensional e cinética. Essa dinâmica de instabilidade do próprio meio que conduz a narrativa manifesta também a vulnerabilidade da língua ao que ela não é, ao que ela pode vir a ser numa aproximação desmedida e arriscada com seu exterior, abolindo-se o princípio da fronteira e rompendo-se os limites da página para ressurgir como coreografia manual de gestos, do "lado de cá" da experiência empírica e encarnada do leitor.

A contraparte temporal dessa operação tradutória, que faz da língua verbal, pantomima, encaminhando o som a regiões de

---

18. Ibidem

silêncio, *pari passu* com a trajetória do personagem vulnerável, oscilando, entre a voz e a ausência de voz, entre vida e morte, é uma rítmica em contraponto, feita de frases curtíssimas, que impõem uma leitura entrecortada e impedem que se assente qualquer sentido de progressão narrativa. A história não avança para lugar algum e mantém-se em intolerável suspensão: "*Time is standing still. My watch is fucked*" [O tempo está parado. Meu relógio está fodido].[19] A narrativa é coalhada de passagens como essa, em que algo dito num registro metafórico (a sensação do tempo congelado) é redito – traduzido – na frase seguinte num registro asperamente literal (o tempo não anda porque o relógio está quebrado). A sintaxe do contratempo trava o desdobramento especulativo dos episódios, condenando qualquer tentativa de voo digressivo. Toda vez que o enunciado ameaça decolar do chão, pelo emprego da dicção conotativa, há um movimento oposto de rebaixamento do idioma, criando uma caixa de ressonâncias com efeitos de microfonia, em que ouvimos registros discrepantes – o metafórico e o literal –, registros que não se harmonizam e evidenciam intervalos acentuados entre eles, impedindo a fruição de um contínuo de sentido. A leitura extensiva do texto entra assim em colapso. Tudo a ponto de explodir.

    O dispositivo da tradução agrava essa experiência, à medida que força correspondências entre sentidos discrepantes. Numa outra cena em que mulheres famintas parecem compartir, num gesto solidário, da pouca comida que lhes resta, quando vista mais de perto, a cena revela que o alimento do grupo é na verdade o crânio de uma criança morta. O leitor é jogado para lá e para cá

---

19. *Ibidem*, p. 54.

entre essas polaridades, revezadas de maneira abrupta e cruel. São contratempos que desejo ler também como obstáculos, adversidades no percurso de leitura. Também aí o jogo tradutório, lido como jogo mimético, trabalha para assimilar, no emaranhado verbal, a fisionomia compósita do menino-soldado, no que nela pode haver de inabordável e resistente. Como ler afinal o menino embolado no soldado, a infância na guerra, o vivo no morto?

Essa dificuldade, de natureza ética, se materializa na novela como um problema de tradução: *What you hear is not my voice*. Há algo de opaco nessa história. Os expedientes da tradução colaboram na criação dessa espessura, dessa demora que freia um acesso desimpedido ao relato, produzindo de forma paradoxal tanto uma conexão visceral com a matéria intratável, quanto um recuo favorável ao estabelecimento de uma atenção crítica, voltada aos procedimentos e efeitos no jogo narrativo. Nessa dinâmica tensionada, em que somos tragados e expulsos da narrativa, uma e outra vez, atravessa-se uma fabulação de força ímpar, que poderá servir de abrigo provisório ao leitor que ali tolerar se alojar pelo tempo de duração da leitura. Terá valido a pena.

REFERÊNCIAS BIBLIOGRÁFICAS

Abani, Chris. *Song for Night*. New York: Akashic Books, 2007.
Benjamin, Walter. "A tarefa do tradutor". *A tarefa do tradutor: quatro traduções para o português*. Org. Lucia Castello Branco. Belo Horizonte: Fale UFMG, 2008.

_____. "Criança escondida". In: _____. *Rua de Mão Única: Infância Berlinense*. Edição e Tradução de João Barrento. Belo Horizonte: Autêntica, 2013, p. 36-37.

Celan, Paul. "A rosa de ninguém." *Sete rosas mais tarde*. Tradução de João Barrento e Y.K. Centeno. Edição Bilingue. 3 ed. Lisboa: Cotovia, 199, p.105.

Didi-Huberman, Georges. "Quando as imagens tocam o real". Tradução de Patrícia Carmello e Vera Casa Nova. Pós: Belo Horizonte, vol. 2, nº 4, 2012, p.204-219.

Gagnebin, Jeanne-Marie. "A criança no limiar do labirinto". 2ª edição. São Paulo: Perspectiva, 2004, p.73-92.

Goyal, Yogita. "A Deep Humanness, a Deep Grace: Interview with Chris Abani." *Research in African Literatures*. Vol. 45, nº 3 (Fall 2014), p. 227-240.

Kearney, J.A. "The representation of Child Soldiers in Contemporary African Fiction." JLS/TLW nº 26 (March 2010), p.67-94.

Molder, Maria Filomena. "A propósito de uma tradução". *Semear na neve: estudos sobre Walter Benjamin*. Lisboa: Relógio D´Água Editores, 1999, p. 24-39.

_____. "Aquele que acaba de despertar". In: _____. *Semear na neve: estudos sobre Walter Benjamin*. Lisboa: Relógio D´Água Editores, 1999, p.119-137.

_____. "Seguir as dedadas da infância: conversa com Maria Filomena Molder". Entrevista a Emília Pinto de Almeida em 6 de outubro de 2014. Esc:ALA. Revista Electrónica de estudos e práticas interartes. Instituto de Literatura Comparada Margarida Losa. Disponível em https://escalanarede.com/2014/10/06/seguir-as-dedadas-da-infancia-conversa-com-maria-filomena-molder.

Moynagh, Maureen. "Human Rights, Child-Soldier Narratives, and the Problem of Form". *Research in African Literatures*. vol. 42, nº 4 (Winter 2011), p. 39-59.

Salgado, Minoli. "Vanishing points/visible fictions: the textual politics of terror". *Textual Practice* nº 27, New York/London: Routlege, p. 207-223.

No precipício da língua

Infanticídios literários

"A taxa de mortalidade infantil na ficção é altíssima." A constatação que abre o ensaio de Reinhard Kuhn (1982), pesquisador de referência nos estudos literários sobre a infância, dá início a um minucioso mapeamento da presença ostensiva de corpos infantis em textos de ficção. Recupero aqui, de modo abreviado, apenas alguns dos exemplos elencados, para que se tenha uma noção do escopo da pesquisa. Na mitologia grega, Cronos, pai de Zeus, devora todos os seus filhos, após ter sido alertado que eles poderiam usurpar-lhe o trono. O rei Herodes ordena o extermínio em Belém de todos os meninos com menos de dois anos de idade. Medeia, transtornada por ciúme, mata seus filhos para vingar-se de Jasão. O assassinato dos bebês da Rainha Elizabeth na peça Ricardo III, de Shakespeare. A morte lenta, por fome, dos filhos de Ugolino no Inferno, de Dante. Os vários assassinatos de crianças perpetradas pelas próprias crianças, como o suicídio forçado do jovem Boris no livro Os moedeiros falsos, de Gide. O assassinato brutal de um menino por seus pares no clássico *O Senhor das Moscas*, de William Golding.

A partir desse inventário fúnebre, Kuhn busca refletir sobre as razões da reencenação literária da morte da criança, avançando a hipótese de que o tropo cumpre a necessidade de demonstrar a condição precária da própria infância. Mais ainda, a impossibilidade mesma desse tipo de existência. A criança não pode seguir vivendo, porque a vida a leva de forma incontornável para longe da infância e para perto do mundo adulto. Matar a criança cumpriria, pois, a função de interromper seu crescimento na tentativa de eternizar uma imagem do humano, anterior ao início de um processo inelutável de deterioração física e moral. Como se a interrupção da infância pudesse interromper também a passagem do tempo. E nesse sentido, paradoxalmente, mata-se a criança para matar a própria morte, para desabilitá-la por meio da figura do *puer aeternus* – a criança eterna. A morte já não pode alcançar a criança morta, uma vez que não se morre jamais duas vezes.

O poeta galês Dylan Thomas compactou essa ideia no conhecido poema intitulado "*A refusal to mourn the death, by fire, of a child in London*" [Recusa a prantear a morte, pelo fogo, de uma menia em Londres], publicado no final da Segunda Guerra Mundial e cujos versos finais, minimalistas, dizem com precisão aguda: "*after the first death, there is no other*" [depois da primeira morte, não há outra].[1] A criança deve, portanto, morrer para ficar fora da circunscrição da morte e salvar deste modo, para o mundo

---

1. A tradução do verso é de Augusto de Campos. Ver Dylan Thomas em "Poesia da recusa", *Coleção signos* 42, São Paulo: Editora Perspectiva, 2006.

adulto, uma visão paradisíaca da condição humana, anterior à sua entrada no curso mortal da História.

Operando sobre essas mesmas premissas, porém manejando-as em direção radicalmente distinta, Maurice Blanchot dedica algumas páginas significativas de sua obra *A escrita do desastre* para pensar também a necessidade humana de figurar a morte da infância. Dialogando de perto com Donald Winnicott e Serge Leclaire, no campo da psicanálise, Blanchot identifica a condição do infante à pulsão de morte. *In-fans*, aquele que é sem fala e que antes mesmo de viver afundou na morte, numa experiência muda, de estados não codificados, anterior à entrada no mundo da linguagem e, portanto, anterior à constituição do sujeito. O infante é aquele que ainda não diz "eu". Porque ainda não existe como sujeito formado, segundo Winnicott, os acontecimentos que vivencia acontecem *sem acontecer* para o bebê. Desde o lugar da infância, a vida deixa de ser algo testemunhável, ocorrendo num tempo que se possa evocar, diante de alguém que esteja co-presente ao evento como consciência soberana, cioso de si e do entorno, alguém capaz de viver e narrar o acontecido. Diante daquele que ainda não fala, a vida é algo que nunca acontece de fato, ainda que aconteça mesmo assim. De modo paradoxal, algo acontece a alguém que está nascido, porém ainda não nasceu para si mesmo. O infante é aquele que não coincide consigo próprio, não comparece a si mesmo para que haja alguma espécie de reconhecimento de si, do espaço que se ocupa, das fronteiras entre interioridade e exterioridade – o que interdita a configuração de um narrador e de uma história que se possa contar, rememorar, citar.

A infância radical pensada por Blanchot, com apoio na Psicanálise, é uma experiência em que o tempo, o espaço, a linguagem e o sujeito se encontram depauperados. Um estado caracterizado pela afasia, abandono e esquecimento, análogos ao estado da morte. Assim como no nascimento, o evento da morte nos aliena. Pois como comparecer à experiência – inexperienciável – do próprio desaparecimento? Giorgio Agamben, em *Infância e História*, define essas situações liminares entre vida e morte como estados crepusculares, que podem ser pensados em termos linguísticos, na forma de uma passagem pronominal do "*ich*" ao "*es*" (em língua alemã), ou seja, um deslizamento da pessoalidade do "eu" à impessoalidade do "isso". A questão central da filosofia para Agamben é como pensar "isso", como formular a infância nesse lugar impessoal, em que o sujeito constituído ainda não se apresenta, se a formulação exige necessariamente linguagem e a experiência que se quer nomear é muda? Como a palavra alcança a infância sem palavras se, para falar, o homem tem que se expropriar da infância, se ver livre dela?

As perguntas de Agamben encontram o pensamento de Blanchot, para quem o infanticídio figurado se conecta à necessidade humana de marcar, a cada palavra dita e escrita, a nossa separação de uma experiência muda e imemorial, que não podemos situar no tempo histórico, exatamente porque é algo que nunca acaba de acontecer. A morte da criança é formulada como um evento interminável, não apenas porque, a cada nova elocução, a emergência da linguagem mata a experiência silenciosa do infante, mas também porque a criança que se mata constantemente com o advento da linguagem, já é, desde sempre, uma criança morta, daí nunca ser possível encerrar a ação de matar.

Blanchot deriva essa última volta do argumento diretamente do pensamento de Serge Leclaire, no livro clássico *On tue en enfant*

[Mata-se uma criança]. Trata-se de uma ação sem sujeito, enunciada na voz passiva, que Blanchot lê como uma morte impessoal e eterna, sempre operante, atravessando a nossa relação com a linguagem e agindo como um dispositivo silencioso, que infiltra, na loquacidade do sujeito falante, uma série de pausas e titubeios, como a alertá-lo de que não é possível jamais ser inteiramente um sujeito adulto na língua. Na mesma direção, Jean-François Lyotard[2] aponta que há sempre em todo enunciado algo que ainda não começou a dizer. Aquilo que não se deixa escrever na escrita, ele diz, convoca também um outro tipo de leitor – aquele que assume que ainda não sabe ler. Uma ética discursiva parece assomar nestas formulações ao redor da infância. Uma espécie de apelo à invenção de outras formas de viver nossa condição linguística, não como uma conquista definitiva, mas como uma experiência sempre nascente, que nunca está dada de uma vez por todas. Ao acedermos à linguagem, "a infância não nos abandona,"[3] mesmo quando desejamos tê-la superado. É uma condição crônica. A infância decorre durante toda a vida e se manifesta toda vez que não encontramos nome para aquilo que nos acontece, toda vez que a língua falha e resiste a atender aos nossos desígnios e comandos. No silêncio e nas elipses, a infância opera. Mina por dentro a frase articulada. Mas fazer desabar a língua pode significar também abismá-la num começo auspicioso.[4] Que sons a língua grita quan-

---

2. J. F. Lyotard, Lectures d´enfance, Paris: Galilée, 1991.
3. A expressão é de Walter Kohan em diálogo com o pensamento de Lyotard. W. O. Kohan, "Da maioridade à minoridade: filosofia, experiência e afirmação da infância", in Infância. Entre Educação e Filosofia, Belo Horizonte: Autêntica, 2005, p. 239.
4. Ver o belíssimo ensaio de Marcia Sá Cavalcante Schuback, "A língua do começo" (2011).

do é jogada no precipício? Que novas coreografias surgem em rota de queda? Caindo, caindo, caindo, Alice descria o mundo das formas estáveis para experimentar as assustadoras maravilhas de um outro país, onde impera a indeterminação radical, onde tudo pode se transformar de uma hora para outra, sem prévio aviso. Isso vale também para a língua, que Alice mal compreende. Os mal-entendidos proliferam pelas páginas. Tudo soa estranho. Os significados das palavras são motivo de contenda e disputa agastada entre a menina e os habitantes "locais". E é pelo dissenso que vai se desenhando aquele mundo volátil, sempre aquém ou além da palavra definitiva, portadora de um sentido inequívoco e consensual. Entre erros crassos e neologismos exorbitantes, a língua se reinventa em registro desmedido: "coisas e palavras se dispersam em todos os sentidos ou, ao contrário, soldam-se em blocos indecomponíveis".[5] Alice encarna, no próprio corpo, esse princípio ativo imparável da mutação. Cresce e diminui sem controle. E não para de cair... Ela é sempre recém-chegada, nunca acaba de chegar – a si mesma e ao mundo que ajuda a desconfigurar com sua presença estrangeira. Cortem-lhe a cabeça!, a rainha ameaça, em vão. Alice escapa.

A criança "manca"

Jean-François Lyotard dedicou uma série de ensaios às forças de sobrevivência da infância no campo discursivo. Examinemos mais de perto seu texto "Mainmise", a que cheguei ini-

---

5. G. Deleuze, 2006, p. 31

cialmente pela mediação de Walter O. Kohan.⁶ Nesse texto, Lyotard faz uma leitura singular da narrativa bíblica do sacrifício de Isaac. Trata-se de uma história de infanticídio não consumado, o que acarreta, segundo o autor, a sobrevivência ameaçadora da infância e de seu correlato linguístico, qual seja, o estabelecimento de um pacto com a palavra escrita pautado pela indeterminação, que obriga o leitor a ler e a reler permanentemente o texto sagrado.

Lyotard inicia a reflexão definindo o termo *mainmise* como a ação de segurar a mão de alguém. Um termo da jurisprudência feudal, que estabelece uma relação de subserviência do escravo para com o seu senhor. *Manceps* é todo aquele que toma alguém pela mão e *mancipium* é tanto o gesto de segurar como aquele que é segurado pela mão do *manceps*, ou seja, o escravo. Alguém que tem soberania e está entregue às mãos do outro. A mesma relação se aplica a adultos e crianças, pondera Lyotard. O mundo adulto define a criança como aquele que deve ser tomada pela mão, daí o tema da infância ser correlato ao tema da emancipação. Tornar-se adulto, nessa perspectiva, significa que a criança deve libertar-se das mãos que a mantêm em estado de incapacidade, para que possa tornar-se seu próprio mestre, capaz de caminhar com as próprias pernas.

Nessa direção, Lyotard aproxima a ideia de emancipação a um estado de desnaturação, em que o sujeito busca afastar-se de

---

6. J. F. Lyotard, *La mainmise*, in *Autres Temps. Les cahiers du christianisme social*. N°25, 1990, p. 16-26. DOI: https://doi.org/10.3406/chris.1990.2551. Esse texto de Lyotard é discutido no ensaio de Walter O. Kohan "Da maioridade à minoridade: filosofia, experiência e afirmação da infância" (2005), em que me apoio em algumas reflexões.

sua condição inicial de *mancipium*, de infante entregue à tutela dos pais. Aquele que nasce é desde sempre *mancus*, falta-lhe uma mão, aquela que está ocupada segurando as mãos do adulto. O ideal de auto constituição, que informa a ideia de emancipação, ilude o sujeito vendendo-lhe a fábula de que é possível superar a falta e recuperar ambas as mãos, o que Lyotard qualifica como um gesto de "ontologia arrogante". Emancipar-se, resume o autor, é acreditar que não se possui nada além de si mesmo, que é possível libertar-se de qualquer dívida para com o outro.

Na contramão dessa marcha progressiva rumo à posse integral de si, tendo como horizonte futuro a ideia de livre-arbítrio e autonomia do sujeito, Lyotard convoca o passado da infância para realizar uma espécie de *anamnese* infinita, cujo objetivo é reativar uma condição cativa da qual não se deve sair jamais e que tem a ver com a disponibilidade humana de se entregar à incerteza de um chamado que vem de fora, nos toma pela mão, nos compromete e nos endivida perante o outro. A história do sacrifício de Isaac perfaz, para Lyotard, essa trajetória.

A narrativa é conhecida de todos. Cito-a em versão abreviada:

Deus pôs Abraão à prova. Chamando-o, disse: "Abraão!" E ele respondeu: "Aqui estou". Deus pede a Abraão: "Toma teu filho único, Isaac, a quem tanto amas, dirige-te à terra de Moriá e oferece-o ali em holocausto sobre o monte que eu te indicar [...] Quando chegaram ao lugar indicado por Deus, Abraão ergueu ali o altar, colocou a lenha em cima, amarrou o filho e o pôs sobre a lenha do altar. Depois estendeu a mão e tomou a faca a fim de matar o filho para o sacrifício. Mas o anjo do Senhor gritou-lhe do céu: "Abraão! Abraão!" Ele respondeu: "Aqui estou". E o anjo disse: "Não estendas a mão contra o menino e não lhe faças mal algum. Agora sei que temes a Deus, pois não me recusaste teu único filho". Abraão ergueu os olhos e viu um carneiro preso pelos chifres num espinheiro. Pegou o carneiro e ofereceu-o em holocausto no lugar do seu filho. [...] O anjo do Senhor chamou Abraão pela segunda vez, do céu e lhe falou: "Juro por mim mesmo - oráculo do Senhor - já que agiste deste modo e não me recusaste teu único filho, eu te abençoarei e tornarei tua descendência tão numerosa como as estrelas do céu e como as areias da praia do mar [...] Por tua descendência serão abençoadas todas as nações da terra, porque me obedeceste".[7]

Lyotard busca ressignificar a palavra emancipação pela leitura dessa passagem, avançando o sentido da escuta como fator que garante a Abraão sua liberdade. A emancipação verdadeira estaria na prontidão em escutar e entregar-se ao *manceps* de Deus. O gesto de prestar atenção ao apelo de Deus rompe de forma radical, segundo Lyotard, com a emancipação individualizada proposta pela Modernidade, que pretende abolir o *manceps* e a voz que vem de fora e que nos liberta verdadeiramente, pelo ato mesmo de atar-nos em um pacto de eterna escuta. A dificuldade desse tipo de emancipação é que não conhecemos quem nos convoca e tampouco podemos estar plenamente seguros do teor dessa convocação, que ainda assim não pode ser recusada. Glosando o comentário do crítico George Steiner sobre essa passagem, Lyotard afirma que todo menino judeu sabe que seu pai irá ser chamado em algum momento para sacrificá-lo na montanha e todo menino judeu fica na dúvida se Deus irá

---

7. Gênesis 22: 1-19

providenciar mesmo o carneiro da salvação. Porque Deus não é previsível. Ele fez um pacto, mas não se sabe ao certo como essa promessa será mantida, já que a voz que firma o elo com os homens é um tetragrama – Yaveh – uma palavra cujas letras não fecham um significado determinado e estão, assim, expostas ao fracasso interpretativo. Não se sabe exatamente o que quer Deus dos homens, seu chamado exige um compromisso sempre renovado com a exegese da voz impressa nas escrituras.

Essa atenção às palavras que vêm de fora e que nos agarram pela mão, sem que saibamos exatamente o modo como nos afetam, essa sensação de susto e apreensão que governa a nossa relação com os textos e seus sentidos incertos, fazendo-nos *mancus* e cativos de uma experiência interminável com a linguagem, torna a infância o compromisso da literatura, aquilo que a escrita inventiva deve testemunhar. Nesse ponto, o pensamento de Lyotard encontra o de Deleuze:

> A tarefa do escritor não é vasculhar os arquivos familiares, não é se interessar por sua própria infância. Ninguém se interessa por isso. Ninguém digno de alguma coisa se interessa por sua infância. A tarefa é outra: devir criança através do ato de escrever, ir em direção à infância do mundo e restaurar esta infância. Eis as tarefas da literatura.[8]

---

[8]. G. Deleuze, *O abecedário de Gilles Deleuze*: uma realização de Pierre-André Boutang, produzido pelas Éditions Montparnesse, Paris. 1988-1989.

Não sei como desenhar o menino

Encontro uma tradução assombrosamente fiel à convocação de "devir criança pelo ato de escrever", no conto "Menino a Bico de Pena" de Clarice Lispector, que me chegou pela primeira vez pelas mãos de Eliana Yunes, quando ainda era estudante de graduação no Departamento de Letras da PUC-Rio.[9] Trata-se de um conto curto, em que a narradora se contorce em palavras num esforço de linguagem para capturar a existência de um bebê que ainda não fala:

> Como conhecer jamais o menino? Para conhecê-lo tenho que esperar que ele se deteriore, e só então ele estará ao meu alcance. Lá está ele, um ponto no infinito. Ninguém conhecerá o hoje dele. Nem ele próprio. Quanto a mim, olho, e é inútil: não consigo entender coisa apenas atual, totalmente atual. O que conheço dele é a sua situação: o menino é aquele em quem acabaram de nascer os primeiros dentes e é o mesmo que será médico ou carpinteiro. Enquanto isso — lá está ele sentado no chão, de um real que tenho de chamar de vegetativo para poder entender. Trinta mil desses

---

[9]. Devo à Eliana Yunes não apenas o encontro com esse conto clariceano, mas também minha entrada inicial no universo da infância como campo especulativo. Na condição de pesquisadora de iniciação científica, publiquei meu primeiro texto em autoria compartilhada com a professora-orientadora, figura de referência nos estudos de literatura infantil e juvenil e nas ações em prol da formação de leitores em nosso país. Posteriormente, quando nos tornamos colegas no Departamento de Letras da PUC-Rio e também no âmbito da Cátedra UNESCO de Leitura PUC-Rio, que ela coordenou por vários anos, tive outras oportunidades de troca e aprendizado com Eliana Yunes, a quem agradeço, pelo convívio prolongado e generoso. Sobre "Menino a bico de pena", ver em especial Y. Eliana. "O estudo claricenao do sujeito", *Revista Soletras*, n. 23, 2012, p.29 a 37.

meninos sentados no chão, teriam eles a chance de construir um mundo outro, um que levasse em conta a memória da atualidade absoluta a que um dia já pertencemos? A união faria a força. Lá está ele sentado, iniciando tudo de novo mas para a própria proteção futura dele, sem nenhuma chance verdadeira de realmente iniciar. *Não sei como desenhar o menino*. Sei que é impossível desenhá-lo a carvão, pois até o bico de pena mancha o papel para além da finíssima linha de extrema atualidade em que ele vive. Um dia o domesticaremos em humano e poderemos desenhá-lo. Pois assim fizemos conosco e com Deus. O próprio menino ajudará sua domesticação: ele é esforçado e coopera. Coopera sem saber que essa ajuda que lhe pedimos é para o seu auto sacrifício.[10]

Nessa incursão em direção à infância da língua, alojada em gérmen na boca do bebê que ainda aprenderá a falar, as palavras da narradora parecem assumir a movimentação errática de um corpo que mal se sustenta de pé, bambeando pra lá e pra cá, na tentativa de erguer-se. Quanto mais perto se tenta chegar daquela presença enigmática sentada no chão, mais a narração cede ao registro das hesitações, titubeios, indagações, como se para descrever o menino de modo exato, fosse também necessário fragilizar a língua, expor seu fracasso, fazê-la tombar no chão e recomeçar em nova tentativa. As frases são ditas, desfeitas, retomadas. As frases dizem que não sabem dizer. Nesse ponto liminar, o erro e a errância se tornam forças propulsoras da escrita, na sua feição deambulatória. De maneira paradoxal, a escrita não pode deixar de sacrificar o menino, ao

---

10. C. Lispector, "Menino a bico de pena", in *Felicidade Clandestina*, São Paulo: Rocco, 1998. p.136-137, grifo da autora.

grafá-lo com palavras, deslocando forçosamente sua existência inarticulada. Mas nessa operação, a própria língua se põe também em sacrifício, deixando-se minorar, abrindo-se às falhas do dizer. Em sua "involução criadora",[11] a literatura manifestaria a infância, no mesmo gesto que a sacrifica?

Alto lá!

Interrompo o curso dessa reflexão para externar uma ressalva crítica ao itinerário delineado até aqui. Trata-se do risco de sobrecarregar teoricamente o significante "infância", transformando-o numa categoria conceitual abstrata e reiterativa de impasses filosóficos e aporias do pensamento liminar. Cria-se assim uma espiral discursiva de alta produtividade, em que a infância vai sendo girada e torcida para nomear sempre e de novo este lugar impossível a que o pensamento tenta chegar e fracassa, quando busca alcançar a experiência da língua na sua gênese, no seu momento primordial de eclosão, quando a aquisição da linguagem coincide com o sacrifício do infante e a entrada numa outra forma de existência. Seria a infância mais uma carta-curinga, permutável com outras tantas, como o trauma, o sublime, o real, o fora – categorias de que lançamos mão para nomear situações-limite da (in)experiência humana?

Registro esta pequena ressalva ao final do percurso, não para desqualificar as formulações teóricas apresentadas até aqui, mas justamente porque as levo a sério, porque são proposições elaboradas por pensadores exigentes, que as trabalham com refinamento

---

11. A expressão é de Deleuze e Guattari em *Mil Platôs: capitalismo e esquizofrenia*.

conceitual e com empenho ético de pensar o humano. A ressalva serve a mim mesma como medida cautelar, freando uma adesão muito desabrida a um corpo teórico extremamente vigoroso e sedutor. Evitar sobrepor uma agenda teórica impositiva às obras estudadas, sob o risco de não ouvir as modulações específicas que cada texto põe em cena, ao chamar as infâncias, sempre no plural. Ao me aproximar de um conjunto de histórias em que morrem as crianças, como em muitos dos ensaios que compõem esse livro, é preciso também não perder de vista os versos do poeta galês Dylan Thomas, que nos lembram que a criança de fato morre apenas uma vez. Há uma contundência nessa imagem que importa enfatizar: a morte derradeira, definitiva, implacável, que acontece para este menino ou aquela menina, alguém que por força da fabulação ganha um corpo, um nome, uma gama de sensações, uma paisagem por onde transita, uma máscara acústica que lhe colore a linguagem. Será que a morte da criança reencenada anonimamente como evento linguístico interminável consegue fazer frente e testemunhar essa outra morte, que aniquila um rosto singular?

REFERÊNCIAS BIBLIOGRÁFICAS

Agamben, Giorgio. *Infância e História: destruição da experiência e da origem da história*. Tradução Henrique Burigo. Belo Horizonte: UFMG, 2005.

Arendt, Hannah. *Origens do Totalitarismo: Anti-semistismo, imperialismo, totalitarismo*. Tradução Roberto Raposo. São Paulo: Companhia das Letras, 2006.

Athayde, Celso e MV Bill. *Falcão, meninos do tráfico*. Rio de Janeiro: Objetiva, 2006.

Blanchot, Maurice. *L'Écriture du désastre*. Paris: Gallimard, 1980.

Deleuze, Gilles. "O que as crianças dizem" e "Gaguejou". In:____. *Crítica e clínica*. Tradução Peter Pál Pelbart. São Paulo: Editora 34, 1997.

Deleuze, G. *O abecedário de Gilles Deleuze*: uma realização de Pierre-André Boutang, produzido pelas Éditions Montparnesse, Paris. 1988-1989. Disponível em: http://escolanomade.org/wp-content/downloads/deleuze-o-abecedario.pdf

Deleuze, Gilles. "Lewis Carroll". In: *Crítica e Clínica*. Tradução de Peter Pál Pelbart. São Paulo: Ed. 34, 1997, p. 31-32.

Iweala, Uzodinma. *Feras de lugar nenhum*. Tradução Christina Barum. Rio de Janeiro: Nova Fronteira, 2006.

Kohan, Walter O. "Da maioridade à minoridade: filosofia, experiência e afirmação da infância." In: ____. *Infância: entre educação e filosofia*. Belo Horizonte: Autêntica, 2003, p.237-254.

Kuhn, Richard. *Corruption in Paradise: the Child in Western Literature*. Hanover and London, University Press of New England, 1982.

Larrosa, Jorge. "O enigma da infância". In ____. *Pedagogia Profana: danças, piruetas e mascaradas*. Tradução Alfredo Veiga-Neto. Belo Horizonte: Autêntica, 2004. p. 183-198.

Leclaire, Serge e Minor, Nata. *On tue en enfant, um essai sur le narcissisme primaire et la pulsion de mort*. Col. Points Essais, nº 126, 1981.

Lispector, Clarice. "Menino a bico de pena". In: ____. *Felicidade Clandestina*. São Paulo: Rocco, 1998. pp.136-139.

Lyotard, Jean-François. La mainmise. In: *Autres Temps. Les cahiers du christianisme social*. N°25, 1990. pp. 16-26.

Lyotard, Jean-François. *Lectures d´enfance*. Paris: Galilée, 1991.

Raimbault, Ginette. *A criança e a morte*. Tradução Roberto Cortes Lacerda. Rio de Janeiro: Francisco Alves Ed., 1979.

Thomas, Dylan, "Poesia da recusa". Organização e tradução de Augusto de Campos. Coleção signos 42. São Paulo: Editora Perspectiva, 2006.

Winnicott, D. W. *O brincar e a realidade*. Tradução José Octávio de Aguiar Abreu e Vanede Nobre. Rio de Janeiro: Imago, 1975.

Pela voz de um menino

No parágrafo de abertura do livro *História do Pranto*, do escritor argentino Alan Pauls, somos apresentados ao pequeno protagonista sem nome e de idade oscilante, por meio de quem somos arrastados para a história ditatorial argentina dos anos 70, aproximando-nos daquele passado de maneira enviesada, porque temos como guia improvável um menino que não viveu a história que se conta:

> Numa idade em que as crianças ficam desesperadas para falar, ele pode passar horas só ouvindo. Tem quatro anos, ou foi o que lhe disseram. Em face do espanto de seus avós e de sua mãe, reunidos na sala de estar da rua Ortega y Gasset, o apartamento de três cômodos do qual seu pai, que ele se lembre, sem nenhuma explicação, desaparece uns oito meses antes levando consigo seu cheiro de tabaco, seu relógio de bolso e sua coleção de camisas com o monograma da camisaria Castillón, e ao qual agora volta quase todos os sábados de manhã, sem dúvida não com a pontualidade que sua mãe desejaria, para apertar o botão do interfone e pedir, não importa quem o atenda, com aquele tom crispado que mais

tarde aprende a reconhecer como o emblema do estado em que fica sua relação com as mulheres depois de ter filhos com elas, que desça de uma vez!, ele cruza a sala com toda a pressa, vestido com a patética roupa de Super-Homem que acaba de ganhar de presente, e com os braços estendidos para frente, numa tosca simulação de vôo, pato com talas nas asas, múmia ou sonâmbulo, atravessa e estilhaça o vidro da janela francesa que dá para a sacada. Descobre-se de pé entre floreiras, apenas um pouco acalorado e trêmulo. Olha suas mãos e vê, como que desenhados, dois ou três filetes de sangue escorrendo-lhe pelas palmas.[1]

Esse grande bloco narrativo feito de períodos longuíssimos que cobrem páginas inteiras é o *modus operandi* de todo o livro, ocupado menos em precisar fatos e acontecimentos do que em desencadear sensações, imergindo o leitor em estados de linguagem desnorteantes. A expansão desmedida das frases é, sobretudo, uma estratégia de adiar o sentido, de fazer o leitor experimentar jorros discursivos que vão empurrando sempre para mais longe a determinação daquilo que se narra. É com absoluta surpresa que topamos com o protagonista de roupa de Super-homem do lado de lá da vidraça, com as mãos ensanguentadas, ao final de um parágrafo veloz e convoluto, feito de encadeamentos imprevisíveis que baralham o tempo linear. O leitor se pergunta, como é mesmo que chegara até ali? E esse susto com a experiência de leitura nos coloca muito afinados à experiência do protagonista, acalorado e trêmulo, sem entender

---

1. A. Pauls, *História do pranto*, tradução Josely Viann Baptista, São Paulo: Cosac Naify, 2008, p.5-6.

bem por que o sangue lhe escorre pelas palmas. Entorpecidos, leitor e protagonista, pela profusão verbal que os precipita em direção a estados imprevisíveis, ambos se irmanam na precariedade, submetidos à performance de um contar desorientador. Em entrevista à Revista Bravo (2008), Alan Pauls qualifica a sua escrita como sendo composta por "frases-droga", que têm como objetivo entorpecer o leitor e arrastá-lo para dentro do texto:

> Eu gosto das frases que duram até se converterem em lugares. Frases-hábitat, mas também frases-droga, porque narcotizam e arrastam. Quando escrevi a *Historia del Llanto*, tinha a fantasia de que o leitor pudesse ler o livro de uma só vez, sem interrupção. Quando a frase se expande, ela se revela mais parecida com a memória que vai e vem e se perde, voltando a se encontrar. Interessa-me a frase que obriga o leitor a passar por esse mesmo processo.

Que sentido dar, então, à palavra "testemunho" que serve de subtítulo à história de Pauls, se a narração proliferante e expansiva força o esgarçamento da memória, arriscando inviabilizar a recuperação discursiva do vivido? Ademais, se o testemunho é por definição o depoimento credível de quem esteve presente à determinada cena, de quem sofreu certa experiência sensível e cuja palavra privilegiada pode atestar a verdade do vivido, como posicionar o testemunho na boca do menino, que não viveu a ditadura militar que lhe cabe contar? No livro de Pauls, a voz enunciativa nunca está no mesmo lugar da voz do protagonista. Tudo aquilo que o menino vivencia é contado em terceira pessoa, por meio de um deslocamento pronominal que produz intervalos acentuados entre experiência e voz. São justamente esses intervalos "entre um material da experiência e uma voz deste material" aquilo que define a literatura como uma linguagem que põe em causa a própria lógica do testemunho, como propõe o filósofo Jacques Rancière.[2] Ele argumenta, em proposição minimalista, que "há literatura, no sentido mais lato do termo, quando é ficcionada a pessoa da testemunha".[3] Nessa direção, seguindo com Rancière, "as origens da literatura devem procurar-se do lado do diálogo platônico, com o pedido feito a uma personagem para que conte a seu interlocutor a história que uma outra lhe tinha anteriormente relatado das últimas conversas de Sócrates".[4] Na interpolação de relatos, o que se perde é a palavra auto evidente, em favor da palavra desencarnada e itinerante, que circula por toda parte, "sem que nunca nenhuma boca ou nenhum corpo testemunhe a sua verdade".[5] Se a palavra literária é "infiel", para permanecer com os termos de Rancière, que sentido pode haver para isto a que chamamos de literatura testemunhal, senão um conjunto de procedimentos discursivos que *põem em cena* a verdade? Isso não significa dizer que a verdade esteja necessariamente fora do perímetro literário, mas ali incluída por dispositivos de deslocação, que a fazem escapar das rédeas de quem viveu os acontecimentos que se narram. Dito de outra forma, os dispositivos da ficção desmontam a cadeia automática entre pessoa, experiência sensível e palavra verdadeira, instalando a possibilidade da verdade na boca de qualquer um.

---

2. J. Rancière, "Figura do testemunho e democracia", entrevista com Jacques Rancière por Maria-Benedita Basto, in *Intervalo*, nº 2, maio 2006, p.181.
3. *Ibidem*, p.180.
4. *Ibidem*.
5. *Ibidem*, p.182.

Por esse último sintagma – a verdade na boca de qualquer um – Rancière vincula a palavra literária à palavra democrática, situando o nascimento dessa relação na literatura do século XIX, sobretudo com Flaubert, que investiu numa "poética da impessoalidade", trazendo para as páginas do livro qualquer vida vulgar, até mesmo as mais insignificantes como as inanimadas. Assim não apenas a vida de qualquer um é alçada à dignidade artística, mas também as paisagens, as fachadas, os objetos se tornam textos nas descrições pormenorizadas do escritor francês, consolidando uma tradição narrativa que adentra o século XX e se torna icônica, na avaliação de Rancière, nos anônimos retratados pelos fotógrafos Robert Doisneau e Cartier-Bresson.

O distanciamento da expressão estritamente pessoal funda o que Rancière chama de *regime estético da arte*, ou seja, um tecido de permutas intensas entre o pessoal e o impessoal, o individual e o anônimo, o humano e o inumano, entre o fato bruto e sua captura imaterial no universo dos signos. Rancière descreve aqui um modo de funcionamento do dispositivo ficcional como um operador de passagens entre reinos considerados impermeáveis entre si. Para o pensador, a ficção mostra a sua força quando desfaz a lógica automática que vincula determinado acontecimento ou tema a determinada forma de dizer, quando mostra que, ao fim e ao cabo, não há forma apropriada para contar isto ou aquilo, mas uma disponibilidade radical de trânsito entre as coisas e as expressões disponíveis para dizê-las. Assim, quando Flaubert descreve em Madame Bovary um encontro entre os personagens de Charles e Emma, o leitor intui o frêmito de amor silencioso que acomete os personagens e, portanto, aquilo que lhes é mais pessoal, humano e secreto, pela descrição pormenorizada de um pequeno punhado de poeira que o vento levanta por debaixo da porta.⁶

Fazer coincidir emoções humanas e matéria inumana é, para o filósofo, o princípio constitutivo da ficção, aquilo que lhe é peculiar. Poder dizer qualquer coisa por seu extremo oposto, porque não haveria de antemão uma relação marcada entre acontecimento e forma estética, porque não haveria nada na natureza mesma dos eventos que prescrevesse ou proibisse qualquer forma artística em particular. Tal desautomação entre o fato e a linguagem disponível para contá-lo sinaliza, para o pensador, a abertura do jogo estético no que tange às formas de dizer. Portanto, se não existe relação estável entre experiência e representação, Rancière argumenta que a forma apropriada para representar determinada cena pode ser também a forma inapropriada, já que não há regras intrínsecas de aceitabilidade entre temas e formas.

Isso valeria também para as relações engessadas entre gêneros narrativos e determinados assuntos. Ao abordar o período ditatorial na embocadura da ficção, desatrelando o teor testemunhal do relato da presença de um narrador em primeira pessoa que relata aquilo que viveu, Alan Pauls parece adotar um caminho narrativo similar àquele que Rancière praticou no livro *La nuit de Proletaires* (1981). Escrito sob a forma de crônica da vida popular, Rancière embaralha as leis do gênero e exercita uma forma de escrita que dá a ver como o registro do cotidiano é sempre objeto de uma construção ficcional. Quando solicitados a dar um testemunho sobre suas próprias vidas, Rancière obser-

---

6. Rancière, 2007, p. 124-126

va que os proletários não lhe forneciam um material bruto para interpretação, mas relatos subjetivos que eram eles mesmos, na sua gênese, interpretações sofisticadas de suas próprias experiências. Ao inventar, pois, uma forma narrativa entre a crônica e a ficção, Rancière intervém na lógica de ajuste entre gêneros e seus assuntos, fazendo aparecer no relato um outro tipo de verdade, associada não mais à identidade entre voz e experiência, mas ao desnudamento dos pressupostos dessa relação marcada.

Não é outro o empenho de Alan Pauls em *A História do Pranto: um testemunho*, como se pode depreender da fala do próprio autor:

> Com esse livro eu quis mostrar que pode haver testemunho e pode haver verdade em alguém que não esteve diretamente ligado à ditadura militar, que não viu o que se sucedeu, assim como o protagonista da história. O que se passa na Argentina é que essa história dos anos 70 é um monopólio de quem a viveu. Esse é o problema. Aqui, quem fala dos anos 70 são aqueles que militaram contra o regime, que foram vítimas da ditadura ou os filhos das vítimas, jornalistas, etc. Mas, quando alguém que não pertence a essa comunidade pretende dizer algo a respeito sobre esse período, não importa em que direção, há sempre a pergunta: "Com que direito você pode falar sobre esse período?", como se não existisse vida fora desse meio. Quero cortar isso. Todos têm o direito de falar.[7]

Aqui reaparece a associação entre palavra ficcional e palavra democrática, fazendo pesar, inversamente, sobre o testemunho,

---

7. A. Pauls, *História do pranto*, tradução Josely Viann Baptista, São Paulo: Cosac Naify, 2008, s/p.

a acusação de encampar uma palavra autoritária, uma palavra que silencia – "a palavra que suspende as outras".[8] Pela lógica testemunhal e por força dos direitos adquiridos pelo princípio da propriedade discursiva, só pode tomar a palavra "quem viveu e pagou na própria carne o direito a que o acreditem".[9] Em certo momento do romance de Pauls, o personagem de um ex-exilado e agora cantor de protesto de quinta categoria, sussurra no ouvido do protagonista, já um pouco mais crescido, uma frase que volta atormentada em diversos outros momentos da narrativa: "Isso porque você nunca esteve amarrado a um estrado de

---

8. J. Rancière, "Figura do testemunho e democracia", entrevista com Jacques Rancière por Maria-Benedita Basto, in *Intervalo*, nº 2, maio 2006, p.180.
9. *Ibidem*. A argumentação de Rancière, ecoada em Pauls pode ser virada pelo avesso, no contexto das recentes discussões sobre "lugar de fala" (Djamila Ribeiro, 2017) e "escrevivência" (Conceição Evaristo, 2007). O teor testemunhal produzido por narradores negros tem sido pensado como investida política contra regimes historicamente violentos de autorização discursiva, em que se busca romper justamente com o poder silenciador da narrativa dominante e interferir em um determinado imaginário social pela tomada de palavra (Ribeiro, p.32). Nessa perspectiva, testemunho e palavra democrática formam uma aliança, em favor de processos de subjetivação e construção de novos agenciamentos enunciativos. Assim, quando Rancière e Pauls reivindicam a literatura como espaço de circulação da verdade "na boca de qualquer um," estariam ao mesmo tempo autorizando "a ficção segundo a qual partimos todas de uma posição comum de acesso à fala e à escuta"? (Mombaça *apud* Ribeiro, p.48). Em outros ensaios críticos, Rancière reflete sobre as condições de possibilidade de instauração de uma comunidade democrática e participativa, pautada em práticas disruptivas de dissenso. Olhar mais atentamente para essa articulação entre democracia e dissenso, em face da noção de "lugar de fala", permitiria, talvez, refundar em termos menos antagônicos e mais nuançados a discussão que aqui apenas se delineia. Ver D. Ribeiro, *O que é lugar de fala*, Belo Horizonte: Letramento, 2017. C. Evaristo, "Da grafia-desenho de minha mãe, um dos lugares de nascimento de minha escrita." in M. A. Alexandre (org.), *Representações performáticas brasileiras: teorias, práticas e suas interfaces*, Belo Horizonte: Mazza Edições, p. 16-21. J. Rancière, "O dissenso", tradução de Paulo Neves, in: A. Novaes (Org.), *A crise da razão*, São Paulo: Companhia das Letras,1996.

metal enquanto dois sujeitos davam choque no seu saco".[10] Como relacionar o temperamento adolescente e descompromissado do protagonista ao trauma daquele cantor torturado? Esse descompasso intransponível que deveria bloquear qualquer ponto de contato entre experiências, vozes e temporalidades discrepantes é justamente aquilo que movimenta a ficção de Pauls, na contramão da paralisia e do silêncio, e em direção a uma aposta verborrágica nas possibilidades de dizer. Escutemos a imbricação de vozes:

> [...] como liga sua felicidade, numa palavra, às cicatrizes que o cantor torturado esconde sob o algodão de suas cuecas de grife, rastros de um pesadelo indizível que, se ainda não terminou, como é evidente, não é apenas pela alta probabilidade de que aquele agente de polícia que o sequestrou ande solto pela rua, aquele que o obrigou a ficar nu não tenha mais contas a acertar com a lei a não ser uma velha multa por estacionar mal, aquele que o amarrou ao estrado compre o vinho de caixinha com o qual se embebeda no mesmo supermercado que ele, aquele que torturou entre e saia do país na maior e todos se reúnam, duas vezes por mês, para evocar os bons e velhos tempos no bar da esquina [...] sem temer outras represálias senão as que podem infligir-lhes uma porção estragada de torta de acelga, um refrigerante sem gás ou uma conta que lhes cobra mais do que gastaram, mas também porque ainda restam no mundo pessoas como ele, desconhecidas, que irrompem numa festa e atravessam a noite fulgurantes como cometas, acesos pela mulher que têm a seu lado, que não fala e da qual não podem se-

---

10. A. Pauls, *História do pranto*, tradução Josely Viann Baptista, São Paulo: Cosac Naify, 2008, p. 38.

parar-se, porque, caso o fizessem, como aconteceria com a Terra se o Sol deixasse de brilhar de repente, toda a luz que os envolve, e que só por uma ilusão de ótica parecem irradiar, iria se apagar, e que só parecem existir para jogar na cara do mundo a evidência descarada de sua felicidade.[11]

A escrita percorre estados transitórios entre uma e outra voz, sem diluir as distâncias entre as duas experiências incompatíveis, mas fazendo essas distâncias instáveis pela ação de uma terceira voz, que as entoa numa zona de fluxos e passagens. Já não é mais possível estabelecer uma linha reta entre uma experiência, um pensamento, uma voz, uma pessoa. As cartas estão embaralhadas. Nesse sentido, é interessante notar como a escolha de um protagonista que oscila entre a infância e a adolescência torna-se estratégica para realizar tais operações de passagem entre vozes, se pensarmos que a infância é uma daquelas experiências que nunca podem ser ditas se permanecemos estacionados no lugar mesmo da infância, em posição de coincidência com ela. Para contar as experiências da infância, é preciso, em certa medida, expropriar-se dela, se ver livre da mudez que a atravessa e a define etimologicamente (*infans*, aquele que é sem fala). Só então, por meio de uma outra voz, necessariamente deslocada da afasia primordial, poder-se-á dizê-la *a posteriori* e reinventá-la desde um outro lugar e tempo.

Num momento climático da narrativa, o protagonista se dá conta, tarde demais, de que o enigmático vizinho militar com

---

11. A. Pauls, *História do pranto*, tradução Josely Viann Baptista, São Paulo: Cosac Naify, 2008, p. 40.

quem era obrigado a permanecer, quando sua mãe saía para trabalhar, era de fato uma mulher militante da resistência, vivendo clandestinamente no mesmo prédio de sua família, usando bigode falso e engrossando a voz para sobreviver em campo inimigo. Tudo isso ele fica sabendo por acaso, pela leitura circunstancial de uma revista numa banca de jornal, que noticia o assassinato brutal daquela mulher, que ele julgava ser homem, acompanhado de uma fotografia de seu corpo nu e baleado. O narrador recrimina a ignorância do protagonista de modo contundente e seco:

> É simples. Não soube o que tinha de saber. Não foi contemporâneo. Não é contemporâneo, nunca o será. Faça o que fizer, pense o que pensar, é uma condenação que o acompanhará para sempre.[12]

Proponho ler como potência o que a narrativa enuncia como queixa. Não ser contemporâneo de si próprio e dos acontecimentos a sua volta exige a invenção de uma voz retardatária, sempre defasada com relação aquilo que narra. Não ser contemporâneo é a garantia de manutenção de um certo intervalo entre voz e experiência, de que nos fala Rancière. O menino é profundamente marcado pelos acontecimentos ao seu redor, mas não é capaz de reconhecê-los em seu próprio tempo de ocorrência, porque não tem a linguagem, os meios de representação nem a dimensão do vivido, para formular aquilo que lhe acontece quando menino. Essa condição o desautoriza para o testemunho estrito senso, se considerarmos a acepção jurídica do termo *infans*, como a criança que, por sua minoridade, não está ainda

---

12. Ibidem, p. 84-85.

habilitada a testemunhar nos tribunais - "o que não se pode valer de sua palavra para dar testemunho".[13]

Leio a figura da criança no romance em foco como um tropo vigoroso dessa cena de testemunho impossível, quando não se pode ser fiador da própria palavra e é preciso então entregá-la a outros, que se empenharão em contar a verdadeira história, aquela que se alcança pelos deslocamentos da ficção. O escritor Ricardo Piglia, conterrâneo de Alan Pauls, diz melhor, quando afirma que "a verdade tem a estrutura de uma ficção que outro fala. Fazer na linguagem um lugar para que o outro possa falar. A literatura seria o lugar em que é sempre outro quem vem dizer."[14]

REFERÊNCIAS BIBLIOGRÁFICAS

Castello, Luiz Angel Castello e Marcico, Claudia. *Oculto nas palavras. Dicionário etimológico de termos usuais na práxis docente.* Belo Horizonte: Autêntica, 2006.

Evaristo, Conceição. "Da grafia-desenho de minha mãe, um dos lugares de nascimento de minha escrita." In: Alexandre, Marcos A. (org.) *Representações performáticas brasileiras: teorias, práticas e suas interfaces.* Belo Horizonte: Mazza Edições, p. 16-21.

Rancière, Jacques. "O dissenso." Tradução de Paulo Neves. In: Novaes, Adauto (Org.). *A crise da razão.* São Paulo: Companhia das Letras,1996.

---

13. L. A. Castello; C. Marcico, *Oculto nas palavras. Dicionário etimológico de termos usuais na práxis docente,* Belo Horizonte: Autêntica, 2006, p.53.
14. R. Piglia, "Uma proposta para o novo milênio." Tradução de Marcus Visnadi, *Cadernos de Leitura* nº2, Edições Chão da Feira, 2012, p.4.

Rancière, Jacques. "Figura do testemunho e democracia". Entrevista com Jacques Rancière por Maria-Benedita Basto. In: Intervalo. Número 2. Maio 2006, p.177-186.

Rancière, Jacques. "Are some things irrepresentable?" In: *The Future of the Image*. Translated by Gregory Elliott. London and New York: Verso, 2007, p. 109-138.

Pauls, Alan. *História do pranto*. Tradução Josely Viann Baptista. São Paulo: Cosac Naify, 2008.

_____. Entrevista de Alan Pauls a Duda Fonseca. *Revista Bravo*. Julho, 2008.

Piglia, Ricardo. *O laboratório do escritor*. Tradução Josely Vianna Baptista. São Paulo: Iluminuras, 1994.

Piglia, Ricardo. "Uma proposta para o novo milênio." Tradução de Marcus Visnadi. Cadernos de Leitura nº2. Edições Chão da Feira, 2012.

Ribeiro, Djamila. *O que é lugar de fala*. Belo Horizonte: Letramento, 2017.

Escrever no galope da infância

> Pois não somos tocados por um sopro do ar que foi respirado antes? Não existem, nas vozes que escutamos, ecos de vozes que emudeceram? [...] Se assim é, existe um encontro secreto, marcado entre as gerações precedentes e a nossa.[1]
>
> Walter Benjamin

Quando menina, a escritora Leda Cartum ficava intrigada com os números tatuados no braço da avó. Ao perguntar o que significavam, a avó dizia que era o seu número de telefone. "Mas alguma coisa se escondia por trás de tudo, e acho que foi isso que me conferiu um olhar sempre interrogativo."[2] O sotaque carregado da avó era outro índice de mistério, "me parecia o anúncio de alguma coisa secreta, escondida por trás das vogais fechadas e das consoantes pesadas."[3] Nesses pequenos sinais

---

1. W. Benjamin, "Sobre o conceito da história.", tradução de Sérgio Paulo Rouanet, *Obras escolhidas. Vol. 1. Magia e técnica, arte e política. Ensaios sobre literatura e história da cultura*. Prefácio de Jeanne Marie Gagnebin. São Paulo: Brasiliense, 1987, p. 222-232.
2. N. Jaffe, *No que os cegos estão sonhando?: com o diário de Lili Jaffe (1944-1945 e texto final de Leda Cartum/Noemi Jaffe*, São Paulo: Editora 34, 2012, p. 234.
3. N. Jaffe, 2012, p. 236.

inscritos no corpo da avó, Cartum busca apalpar uma memória encriptada, cuja extensão não consegue alcançar, "eu estico os braços e não tenho acesso."[4]

Pertencente à terceira geração pós-Shoá, a autora cartografa literariamente o abismo geracional que marca a sua (des)conexão com as experiências da avó, sobrevivente de Auschwitz, cujo diário de guerra compõe o livro *O que os cegos estão sonhando?* Escrito a seis mãos por três gerações de mulheres da mesma família, o livro se organiza em três partes. Tem início com o diário de Lili Jaffe (então Lili Stern), escrito em 1945 na Suécia, para onde a jovem foi resgatada pela Cruz Vermelha, logo após a liberação dos campos. De Mölmo, a jovem relata os acontecimentos que acabara de viver, da deportação para Auschwitz, aos 19 anos, com seus pais e irmão, ao período de horror nos campos, até o gradual retorno à cidade natal de Szenta, no interior da atual Sérvia. Na sequência do diário, a escritora e crítica literária Noemi Jaffe, organizadora do livro, reflete sobre sua condição de filha da sobrevivente, a partir de embates pungentes com diversos fragmentos retirados das anotações da mãe. Nesse corpo-a-corpo tangível entre as escritas de mãe e de filha, posicionadas em proximidade nas páginas, podemos ler variações da pergunta renitente que assombra e impulsiona o trabalho da pós-memória, nos termos de Marianne Hirsch: "Como podemos levar suas histórias adiante sem delas nos apropriarmos, sem atrairmos atenção excessiva para nós, e sem que, por sua vez, elas substituam nossas próprias histórias?"[5]

---

4. N. Jaffe, 2012, p. 236.
5. No original, em inglês: *"How can we best carry their stories forward without appropriating them, without unduly calling attention to ourselves, and without, in*

Ao nos aproximarmos da parte final do livro, expressivamente mais curta que as demais, a intensidade dessa pergunta perde força para dar lugar a um conjunto inteiramente outro de interrogações, levantadas pela neta, a escritora, tradutora e roteirista Leda Cartum. Removida espacial e temporalmente dos acontecimentos vividos e registrados pela avó, a escrita de Leda Cartum já não se ocupa em dimensionar, com a de sua mãe, a presença avassaladora do trauma na vida familiar, mas em atestar, com franca perplexidade, a perda incomensurável de lastros com o passado traumático: "a constante sensação de estar puxando uma linha cujo anzol não fisgou nada, apesar de pesar muito"[6]. As dificuldades de vir depois, de chegar tarde demais à cena do desastre, encarnam-se em algumas imagens topográficas, que dão a ver o descampado aberto entre as experiências da neta e da avó: "[...] há entre mim e o sofrimento um intermédio, alguém que já desbravou o matagal sórdido do trauma: nasci numa clareira, o terreno limpo e pronto, bem cuidado, porque meus pais se encarregaram de tirar as ervas daninhas, arar a terra, semear."[7] Nesse terreno baldio, feito de ausências sentidas, a imaginação ocupa um lugar amplo, projetando enredos a partir de quase nada. São índices tênues de um passado que a neta herda à distância, e cujo acesso se agrava com o desaparecimento das testemunhas diretas. De fato, para uma recente geração de

---

turn, having our own stories displaced by them." M. Hirsch, "The Generation of Postmemory", *Poetics Today*, Durham, vol. 29:1 (Spring 2008), p. 104, tradução de Robledo Cabral.
6. N. Jaffe, 2012, p. 235.
7. N. Jaffe, 2012, p. 234.

escritores, que começa a produzir numa época em que a narração da Shoá quase já não conta com a presença encarnada dos sobreviventes, os expedientes da ficção vêm colaborar na invenção de formas de atualizar o passado e de forjar caminhos imaginativos para compor, a partir dele, novas histórias. Como enfatiza Hirsch: "Assim, a conexão da pós-memória com o passado é mediada não pela rememoração, mas por atos de investimento imaginativo, projeção e criação."[8] Leda Cartum diz algo parecido, quando afirma que "o que procuro na investigação da história do judaísmo e da guerra, ou na minha imaginação, muitas vezes surge em outros pontos, sempre inesperados, detalhes mínimos e que trazem à tona o começo de uma história."[9]

Interessa pensar um pouco mais sobre os movimentos de desvio e deslocamento que a escrita imaginativa de Leda Cartum opera, ao movimentar o passado em direções imprevistas, que vão se abrindo pela força indiciária de "detalhes mínimos", objetos da observação atenta e espantada de quem nasceu muito depois e olha para o mundo herdado, como quem acaba de chegar, sem ainda entender. Pois é do lugar da neta, na posição enunciativa de uma infância que insiste na escrita adulta, que o texto de Cartum performa, em dicção exploratória e titubeante, "a lembrança do que não vivemos e que no entanto carregamos."[10] Para dizer tudo aquilo que não experienciou e

---

8. No original, em inglês: "*Postmemory's connection to the past is thus not actually mediated by recall but by imaginative investment, projection, and creation.*" M. Hirsch, 2008, p. 107. Tradução de Robledo Cabral.
9. N. Jaffe, 2012, p. 236.
10. N. Jaffe, 2012, p. 237.

que não compreende, a escrita conjura uma certa "imaturidade" desbravadora. As frases se lançam com uma coragem infantil em direção ao desconhecido, que assoma na leitura das páginas do diário da avó, sem medo de vocalizar o vazio que sobrevém do contato sensorial e tátil com as palavras que "apalpamos, apalpamos e não sentimos nada."[11]

Sondar as formas e o alcance do que aqui chamo de "infância performativa" na escrita de Cartum é o caminho especulativo que tomo a seguir, para pensar como a ficção pode vir a materializar um saber "menor" e tentativo, aberto às dimensões do não-saber e à exploração de lugares ainda não frequentados nessa conversa inacabada com o passado da Shoá. Lembro oportunamente de uma passagem do escritor judeu-romeno Paul Celan, voz inconfundível na entoação da memória no pós-guerra, em que alude ao gesto infantil para descrever seu itinerário poético: "busco tudo isso no mapa, com um dedo um tanto impreciso, porque inquieto – num mapa para crianças, como tenho de confessar desde já. Não se encontra nenhum desses lugares, eles não existem, mas eu sei, sobretudo agora eu sei, onde eles deviam estar."[12] Celan se aproxima da infância como imagem-guia no desenho de uma cartografia poética que deseja atravessar e transpor o horror para chegar em algum outro lugar, inexistente e possível. As palavras que conduzem até lá não podem deixar de assumir um ritmo claudicante, diante do cenário de destruição: "Se viesse,/ se viesse um homem, /se viesse um homem ao mundo, hoje,

---

11. N. Jaffe, 2012, p.237.
12. P. Celan, *Arte Poética – O Meridiano e Outros Textos*, tradução de João Barrento, Lisboa: Cotovia, 1996, p.63.

com/a barba de luz dos patriarcas: só poderia,/se falasse deste tempo, só/poderia balbuciar balbuciar [...]".[13] No poema, a infância nada tem de pueril. Ela não é sequer humana, uma figura, um personagem. A infância é uma embocadura, um lugar na boca onde a língua vacila.

Na prosa de Cartum, a infância também pode ser lida como um lugar que favorece a fabulação de estados complexos de incerteza e de perturbação diante de uma herança que ainda hoje a neta diz precisar aprender a herdar. Ao modo frontal das crianças, em abordagem desconcertante, a autora relata não ter sentido nada quando entrou pela primeira vez em Auschwitz, em fevereiro de 2009, na companhia de sua mãe: "Não soube dizer: é isso; ou então: é aquilo. Não soube dizer nada, como se todas as palavras tivessem secado completamente, e por mais que eu procurasse recorrer a uma ou a outra, nenhuma delas dizia nada."[14] O que aqui tomo estrategicamente por infância alude a essa experiência de "não saber dizer", que está presente na própria etimologia latina da palavra infância. Composta pelo prefixo de negação *in* e pelo particípio presente do verbo dizer/falar (*fari/fans*), a palavra infância designa, literalmente, "ausência de fala." Mas não se trata de uma condição exclusiva dos bebês que balbuciam e ainda não adquiriram a língua articulada. Como argumenta Jean-François Lyotard, a infância não é uma prerrogativa apenas dos infantes, mas uma experiência que nos atravessa ao longo da vida e se manifesta

---

13. P. Celan, "Tübingen, Janeiro", in P. Celan, *Sete rosas mais tarde*, Antologia Poética, seleção tradução e introdução de João Barrento e Y.K. 3ª edição, Centeno, Lisboa: Cotovia, 2006, p. 105.
14. N. Jaffe, 2012, p.231.

a cada vez que não encontramos palavras para nomear o que nos afeta.[15] Nunca somos inteiramente adultos no manejo da língua, domesticando-a com maestria e competência infalíveis, ele sugere. Na relação com o idioma, estamos sempre, em alguma medida, recomeçando a falar. Isso ocorre não apenas pelo caráter extremo de certas experiências desumanizadoras que, ao desafiarem molduras de inteligibilidade, tendem a desabilitar a fluência narrativa e a capacidade de elaborar e encadear histórias. Mas também porque há em todo enunciado algo que ainda não começou a dizer. Os sentidos das palavras escritas ou pronunciadas não estão dados ou garantidos de uma vez por todas. Os sentidos são potenciais, tentativos e abertos a complexas interações com comunidades de leitores e interlocutores em contextos situados. É para nomear essa experiência humana sempre inacabada e interminável com a linguagem, que Lyotard convoca a infância. Se por um lado, ela ajuda a encenar a língua que falta, em face de eventos que nos roubam a voz, ela também anuncia a língua por vir, "a disposição para abismar-se num começo", como escreveu belamente a filósofa Márcia Schuback.[16]

Na escrita de Cartum, a infância irrompe na vida adulta como experiência simultânea e paradoxal de ausência e de emergência das palavras. Diante da constatação inapreensível de

---

15. J. F. Lyotard, *Léctures d´énfance*. Éditions Galilée, 1991. Para uma discussão mais alentada da concepção de infância em Lyotard, ver também W. O. Kohan, "Da maioridade à minoridade: filosofia, experiência e afirmação da infância" in W. O. Kohan, *Infância*. *Entre Educação e Filosofia*, Belo Horizonte: Autêntica, 2005, p. 237-254.
16. M.S.C. Schuback, "A língua do começo", in M.S.C. Schuback, *Olho a olho: ensaios de longe*, Rio de Janeiro: 7Letras, 2011, p. 94.

que "minha avó esteve em Auschwitz,"[17] a língua bifurca em dois caminhos igualmente vigorosos, que não deixam de estar também entrelaçados. De um lado, a escrita explora o que há de inacessível na experiência da avó, multiplicando frases para reiterar "a necessidade de recuperar algo que não pode ser recuperado"[18] ou "a busca pela volta de algo que não volta."[19] A narração percorre em palavras a distância incomensurável que separa as experiências da avó e da neta, fazendo dessa investigação desassossegada do passado familiar uma investigação também dos modos de dizer. Desta feita, a retórica do vazio e da falta – de sentido, de linguagem, de conexão com história dos antepassados – torna-se concomitantemente uma estratégia de abertura de caminhos, de desobstrução da fala na sondagem daquilo "que não podemos conceber" e cuja perplexidade lança a narradora num espaço de criação, voltado ao que ainda virá e já começa a nascer: "o começo de uma história."[20]

Bruno Schulz conduz um cavalo

"Bruno Schulz conduz um cavalo. Ele está sentado no interior de uma carroça de madeira, as nuvens lá fora traçam um ama-

---

17. N. Jaffe, 2012, p. 235.
18. N. Jaffe, 2012, p. 235.
19. N. Jaffe, 2012, p. 237.
20. N. Jaffe, 2012, p.236.

nhecer puxado para o cinza, as ruas se distribuem por extremidades desconhecidas e ele conduz um cavalo."[21]

Assim começa essa outra história, escrita também em família, dessa vez em parceria entre filha e pai: Leda e Marcos Cartum. Ela escreve, ele desenha. O livro foi um dos ganhadores do prêmio Off-Flip 2014.[22] A materialidade do objeto chama logo a atenção. Trata-se de um curto livro-ilustrado, com poucas páginas não numeradas, em papel de gramatura grossa, em formato quadradinho, propício ao manuseio de mãos pequenas. De fato, o tamanho compacto do objeto, conjugado a uma diagramação verbo-visual que costumamos associar aos livros infantojuvenis, embaralha a determinação do gênero dessa obra. Trata-se de uma fábula? De um conto? De um poema narrativo? Na esteira dessa indefinição, também o destinatário se torna incerto, ampliando assim o alcance de uma história que poderia ser lida ou ouvida, inclusive, por crianças e jovens.

Com efeito, a narrativa chama a infância para perto da obra com seu enredo aparentemente singelo sobre um cavalo que, de súbito, se desembaraça das rédeas de seu dono, ganha asas, e galopa veloz à procura de algo longínquo – um tempo, um lugar, uma sensação, um menino, – algo indefinido e ao mesmo tempo tão preciso, como a referência nominal a Bruno Schulz, que dá

---

21. L. Cartum, *Bruno Schulz conduz um cavalo*, Ilustrado por Marcos Cartum, Belo Horizonte: Relicário, 2018.
22. O prêmio Off-Flip de Literatura tem por objetivo "estimular a criação literária em língua portuguesa" e vincula-se ao circuito Off Flip, evento paralelo e complementar à Festa Literária Internacional de Paraty. Um histórico do prêmio e das obras vencedoras está disponível em: http://www.premio-offflip.net/ Acesso em 28/7/2020.

título ao livro e ao personagem que conduz a carroça quando a história começa. Personagem que reaparecerá, transformado em criança, nas páginas finais. Assim, o livro chama a infância, mas também vai em direção ao seu chamado. Um chamado que vem de longe, da cidadezinha de Drohobycz, na antiga Galícia austro--húngara, terra natal do escritor, desenhista e professor Bruno Schulz. Nenhuma destas informações específicas é explicitada na história dos Cartum, salvo o nome do escritor, que se torna indício de um conjunto de pistas discursivas e visuais que passaremos a discutir mais amiúde, tendo sempre em vista a infância como horizonte especulativo e forte elo intertextual entre as obras em foco.

A história começa já começada. Em pleno movimento. "Bruno Schulz conduz um cavalo." De onde ele vem, não sabemos. Já o encontramos a meio caminho. Para onde vai? Também não se sabe. Mas uma indicação visual causa estranheza. Na ilustração que acompanha a frase de abertura, a carroça está voltada para o lado esquerdo da página, como se cavalo e condutor retrocedessem em direção ao início do livro. Em direção ao passado? Em direção à infância? Na trilha das memórias? Tudo ainda é interrogação nesse início de história, mas o que de pronto se evidencia é uma pulsão irrefreável de movimento, um empuxo visual que nos arrasta em direção contrária ao itinerário costumeiro do olhar, que lê as frases da esquerda para a direita. Produz-se assim uma tensão inicial inquietante e desorientadora, já que texto e imagem parecem trafegar em direções opostas. À medida que avançamos as páginas, para seguir com o texto verbal, o cavalo ilustrado aprofunda o galope para trás, perfazendo um itinerário reverso. A experiência desconcertante que se impõe poderia ser traduzida pela fórmula de Karl Kraus, tornada célebre por Walter Benjamin: "A origem é o alvo."[23] De fato, o cavalo nos leva a uma viagem original, não porque retorne a um ponto fixo no tempo, mas exatamente porque vai ao encontro "de alguma coisa de que não se lembra ou que nunca chegou a conhecer." A origem a que se lança o animal é um conglomerado de materiais esquecidos do passado, que a escrita deseja restituir, ao trazer de volta, na superfície das páginas, em português do Brasil, todo um universo sensorial da antiga Galícia, evocado pela literatura e pelos desenhos de Bruno Schulz, universo brutalmente soterrado pelo nazismo, que também pôs fim à vida do autor. É desse passado destruído que chega um apelo ao cavalo: "É hora de ir". O cavalo atende a esse apelo, em direção ao esquecido, e se põe a caminho: "É um caminho que já estava traçado há milênios, e que corresponde àquele que o cavalo traça sozinho, sem a carroça nem a condução e nem mesmo alguém que antes tinha um nome e hoje não se sabe mais como chamar". À medida que o cavalo se embrenha mais e mais no mundo imemorial, faz surgir paisagens, ambiências, fisionomias, caras ao universo de Schulz, retratado em riqueza de detalhes na coleção de contos *Lojas de Canela*, que sobreviveu ao aniquilamento do autor e de sua paisagem natal. Uma breve incursão na literatura de Schulz nos ajudará a reencontrá-la, transfigurada e inédita, no livro ilustrado dos Cartum.

---

23. K. Kraus, *Palavras em verso*, apud W. Benjamin, "Sobre o conceito de história". p. 229.

"E o mais desaparecido é o que reaparecerá com mais força"[24]

No conto "Lojas de Canela", que dá título à coletânea de histórias de Bruno Schulz, um menino vai ao teatro com a família. Quando seu pai se dá conta de que esqueceu a carteira em casa, manda o filho de volta para resgatá-la:

> Numa noite dessas, é uma leviandade imperdoável mandar um garoto com uma missão tão importante e urgente, porque as ruas se multiplicam em sua meia-luz, confundem-se e trocam-se umas pelas outras. Abrem-se, no fundo da cidade, por assim dizer, ruas duplas, ruas sósias, ruas mentirosas e enganadoras. A imaginação encantada e confundida produz plantas ilusórias da cidade, supostamente há muito conhecidas e sabidas, nas quais as ruas têm seu lugar e seu nome, mas a noite, em sua inesgotável fertilidade, não tem nada melhor a fazer senão fornecer sempre novas e imaginárias configurações.[25]

Começa então um passeio surpreendente pelas ruas escuras da cidadezinha de Drohobycz e pelas atraentes lojas de canela, comércios aromáticos, abertos "até horas avançadas da noite"

---

[24]. Encontro nesse aforismo uma tradução concisa e fiel da literatura de Bruno Schulz. A frase, contudo, não se refere originalmente à obra do escritor. Trata-se de um fragmento pinçado do livro de Gonçalo M. Tavares, autor português, nascido em Angola. Gonçalo M. Tavares, *Investigações Novalis*, Editora Chão da Feira, 2020.

[25]. B. Schulz, *Lojas de canela e outras narrativas*, tradução e notas de Henryk Siewierski; posfácio de Angelo Maria Ripellino, São Paulo: Editora 34, 2019, p.70.

e "objeto dos meus sonhos ardentes".²⁶ Tal como nos contos de fada, o menino se desvia do caminho retilíneo que o levaria de volta para casa em segurança e, pelas travessas e ruelas laterais, se perde nas "asas do desejo".²⁷ A paisagem noturna não cessa de se transformar em imagens fulgurantes pelos olhos do menino. O menor detalhe se dilata numa prosa invasiva e transbordante, que penetra no interior dos espaços, nos corredores, nas gavetas, nos vazios debaixo dos tapetes e tábuas do assoalho, nas cirandas coloridas e arabescos lampejantes em papéis de parede, despertando à vida o mundo inanimado e, por contiguidade, toda a "cidadezinha dormente"²⁸ de Drohobycz. Assim, a Galícia já decadente que Schulz deseja refundar com o impulso onírico da infância se "expande para o imenso universo, e as ruas de Drohobycz tornam-se, por bruxedo, cenário cósmico."²⁹ Esse sopro vivificante que esgarça as demarcações do mundo conhecido, até o ponto da desfiguração, fazendo-o renascer em formas estranhas e inéditas, é obra de um narrador "forrado de criança", nos termos de Witold Gombrowicz, escritor conterrâneo e contemporâneo de Schulz.³⁰ Pela fabulação encantatória,

---

26. B. Schulz, 2019, p. 71.
27. B. Schulz, p. 72.
28. A expressão é de Angelo Maria Ripellino, cujo excelente posfácio a *Lojas de Canela* fomenta a reflexão que aqui apresento. B. Schulz, p. 201.
29. B. Schulz, p. 215.
30. Witold Gombrowicz também fez da "imaturidade" uma dicção definidora da linguagem de seus personagens. Aproximações entre as "criancices" de Schulz e Gombrowicz são exploradas no posfácio de Angelo Maria Ripellino. B. Schulz, op.cit., p.173-215. Porções do diário de Gombrowicz que fazem referência a Bruno Schulz estão publicadas no apêndice do livro B. Schulz, *Ficção Completa: Bruno Schulz*; Tradução e posfácio de Henryk Siewierski; São Paulo: Cosac Naify, 2012, p. 391-401.

movida por um "furor analógico",[31] cada objeto visado pelo narrador se desdobra em imagens conexas, formando um campo associativo potencialmente infinito, em que cada coisa pode devir outra e outra e outra... Nessa espécie de lalação contínua, algo está sempre nascendo, matéria em estado de fermentação, prestes a eclodir numa forma que não se estabiliza, graças à tagarelice de um narrador-vestido-de-criança que aprendeu com o próprio pai, personagem onipresente nas histórias de Schulz, a arte demiúrgica de fazer nascer, de cada palavra, "formas desconhecidas de vida."[32] Cria-se assim, para cada coisa nomeada, um arquivo amplificado de possibilidades. Cada minúsculo ser cresce em proporções desmedidas, graças à mirada intensiva e prolongada do menino, que em tudo pressente uma potência secreta de vida, que a narração libera e faz durar, como se pode ler nesta passagem do conto "Os pássaros", em que se descreve demoradamente o nascimento dos pintinhos, saindo da casca:

> [...] verdadeiros monstros na forma e na coloração. Naquelas criaturas de bicos enormes, fantásticos, que elas abriam largamente logo depois de nascer, emitindo um sibilo voraz dos precipícios das gargantas, naqueles lagartos de corpo frágil e pelado de corcundas, não era possível enxergar os futuros pavões, faisões, tetrazes e condores. Acomodada em cestas, envolta em algodão, a prole de basilisco erguia sobre pescocinhos finos as suas cabeças cegas, cobertas de albugem, soltando de suas gargantas mudas um cacarejo inaudível.[33]

---

31. A expressão é de Angelo Maria Ripellinho. B. Schulz (2019), p. 212.
32. B. Schulz (2019), "Tratado dos Manequins ou o segundo gênesis." p.43.
33. B. Schulz (2019), "Os pássaros", p. 29.

A regressão ao pormenor descritivo enseja um procedimento artístico que Schulz descreve como "maturar até a infância."[34] Não se trata, pois, de um retorno nostálgico a uma infância ideal, preservada de forma intacta no passado, mas de uma restituição incandescente da infância na escrita adulta, acendendo na maturidade uma pulsão criadora, capaz de devolver às palavras o poder nomeador de "originar" realidades e de chamar novos mundos à vida.

Assim, o cavalo que subitamente aparece diante do menino no conto "Lojas de Canela", durante seu passeio errático nas ruas sombrias de Drohobycz na Mitteleuropa do entreguerras, reaparecerá uma vez mais no Brasil do século XXI pelas mãos de Leda e de Marcus Cartum. Nos dois casos, é o cavalo quem conduz o galope, encarnando em seu movimento imparável um "devir-criança",[35] uma força projetiva que empurra a história para trás, ao encontro de uma origem sem localização, espécie de nascedouro de onde não cessam de brotar

> acontecimentos que não têm seu próprio lugar no tempo, os acontecimentos que chegaram tarde demais, quando todo o tempo já fora distribuído, dividido, desmontado, e que ficaram em suspenso, não alinhados, flutuando no ar, errantes.[36]

---

34. B. Schulz *apud* Ripellino, 2019, p.184.
35. O conceito de devir-criança, tal como formulado por Gilles Deleuze e Félix Guattari, não pensa a infância como cronologia ou faixa-etária, mas como intensidade e potência rejuvenescedora, presente em todas as idades. O devir-criança é assim o devir-jovem de cada idade. G. Deleuze, *Mil platôs: capitalismo e esquizofrenia*, vol.4, tradução de Suely Rolnik, São Paulo, Ed. 34, 1997.
36. B. Schulz (2012), "Época genial", p. 135-136.

Tais "acontecimentos extranumerários", como Schulz chama "os eventos ilícitos" que não podem ser enfileirados em sequência e que resistem à toda narrativa, "cuja alma seja continuidade e sucessão",[37] exigem a instauração de um outro tempo, mais arejado, maleável e receptivo às vidas desaparecidas que ainda rondam o presente.

Contra o imperativo cronológico que impede aos mortos de voltar à cena, o tempo elástico e galhofeiro nos contos de Schulz prega peça nos leitores. Personagens ressuscitam repentinamente do além-túmulo, como a inesquecível Adela, cuja morte por afogamento lamentamos, para sermos logo surpreendidos com seu inesperado e inexplicável retorno. Assim também com Jakub, personagem identificado ao pai de Schulz: "Morria várias vezes [...] mas nunca por completo, sempre com algumas objeções que implicavam a revisão desse fato."[38]

Esse mundo que não quer morrer e que a narrativa trabalha para manter vivo, com a força instauradora da infância, aproxima as literaturas de Schulz e de Cartum. Se o autor da Galícia conjura em seus escritos "braços laterais do tempo"[39], abrindo linhas de fuga que desmontam a cronologia linear para salvar os mortos do esquecimento derradeiro e, com eles, salvar também a paisagem afetiva de sua infância, Cartum perfaz um gesto semelhante, ao abrir passagens para o mundo perdido de Schulz, atualizando artisticamente o "encontro secreto, marcado entre as gerações precedentes e a nossa," para recuperar um fragmen-

---

37. B. Schulz (2012), "Época genial", p. 135-136.
38. Apoio-me em exemplos aludidos no posfácio de Angelo Maria Ripellino. B. Schulz (2019), p. 198.
39. B. Schulz (2012), "Época genial", p. 136.

to das teses sobre a história de Walter Benjamin, que figura como epígrafe desta reflexão. Para Benjamin, a rememoração se impõe como tarefa política de conexão e transmissão das narrativas, anseios e esperanças precocemente silenciados no curso da História. O pensador não se refere apenas aos personagens "menores" e anônimos, que a historiografia oficial negligencia, mas também aos objetos desprezados como antiquados e sem valia, como velhos brinquedos, cartilhas de alfabetização escolar, livros infantis ilustrados, de que era um ávido colecionador. Desejava liberar, pela ação rememorativa, as energias vitais que se desprendem das coisas que desparecem ou que são desaparecidas. A escrita se torna um gesto decisivo na atualização dessa dinâmica temporal, que Peter Szondi chama argutamente de "futuro do pretérito."[40] Os traços do porvir revolucionário, imaginado por Benjamin, advêm das reinscrições do passado nos textos de agora. Cada presente tem a chance de inventar um futuro, se estiver atento e receptivo às imagens e palavras que, do passado, reclamam consideração. De modo afim, Leda Cartum reflete sobre a "simultaneidade temporal":

> Perceber que enquanto estou aqui, vivendo a minha vida, as coisas que já passaram, relacionadas ou não com a minha existência, continuam ecoando por todos os lados, assim como se as vidas de outros tempos continuassem acontecendo por repercutirem em nossas vidas atuais.[41]

---

40. P. Szondi, "Esperança no passado – Sobre Walter Benjamin." *Artefilosofia*, n. 6, abril 2009, p. 20.
41. N. Jaffe, 2012, p.233.

Vejamos como o livro-ilustrado dos Cartum cria espaços arejados para a circulação, no tempo presente da leitura, das "coisas que já passaram" e, todavia, "continuam ecoando por todos os lados".

Com a mão desaprendida

A concepção visual do livro inclui uma porção generosa de espaços em branco. A distribuição do texto verbal nas páginas é minimalista. Há apenas uma ou duas frases por vez, posicionadas na parte inferior das páginas da direita, liberando assim um amplo espaço de respiro. As ilustrações também colaboram para o efeito de arejamento. São desenhos tracejados com parcimônia de recursos. Não há uso de cores nem exuberância de formas. Com apenas poucos traços, feitos com lápis preto, utensílio usado também por Schulz em seus desenhos, as figuras adquirem uma presença esboçada na página. São como estruturas vazadas, compostas de linhas de contorno que integram o fundo branco do papel ao corpo das figuras desenhadas. Assim, o cavalo surge e ressurge como aparição leve e areada, surpreendendo os leitores em diferentes manobras, posturas, tamanhos e formas, ora como aparição minúscula e longínqua, ora agigantado e quase tátil, ao alcance dos dedos. Por vezes, vemos só um olho, uma crina, as patas, ou um dorso, delineado sutilmente por um longo traço curvilíneo, que percorre horizontalmente as duas páginas abertas. O expediente metonímico de apresentação das formas por parcelas e fragmentos cria uma atmosfera sugestiva, que estimula a imaginação daquilo que não se deixa capturar num só golpe de visão. O cavalo sempre nos escapa. Com seu corpo plástico e galope indomável, é capaz de transpor estratos de tempo: "O cavalo voa e passa pelas nuvens e por cada uma das sete camadas do céu antes da manhã." Saltando entre os vazios das páginas, por sobre as letras e frases, o cavalo alado vai maturando até a infância, que reconhecemos também na precariedade expressiva dos traços, laboriosamente trabalhada por Marcus Cartum, a partir da observação atenta dos desenhos do próprio Schulz. Quero sugerir com isso que há, na ação de desenhar, um exercício sofisticado de apresentar as formas por linhas simples, como se fossem confeccionadas por uma "mão desaprendida", que precisou de muito apuro para recuperar um gestual elementar. Há uma anedota conhecida de Pablo Picasso que toca, com ironia, nesse aspecto "amador" da criação artística. Em 1956, durante uma exposição de arte infantil, o pintor teria dito a Herbert Read que tinha levado quatro anos para conseguir pintar como Raphael, mas uma vida inteira para conseguir pintar como uma criança. Importa assinalar como esse processo plástico de maturar até a infância conjura temporalidades atravessadas. Uma frase como a de Picasso só faz sentido, se imaginamos um tempo não consecutivo, em que se possa ser mais de um, em simultaneidade. O pintor experiente coexiste com o pintor principiante. A maestria artística acolhe, na mesma pincelada, o gesto amador.

Assim também com os desenhos de Marcus Cartum. Sensações ambivalentes surgem da observação de seus traços, em que se pode reconhecer a resiliência das formas frágeis. O cavalo parece tão vulnerável, em sua visualidade rascunhada, e ao mesmo tempo, selvagem e incansável no galope através das eras. Nada o detém na operação-resgate do menino "muito magro" que segue em fila para a escola "e segura firme nas mãos um lápis e um bloco de notas cheio de desenhos." Esse menino, que a narrativa não nomeia, nos reenvia à infância do personagem Bruno Schulz, vestido de uniforme escolar. Somos convidados a espiar o interior de seu caderno, povoado de "criaturas estranhas". Uma galeria de "homens tristes", de feições distorcidas, presta homenagem ao universo pictórico de Schulz, cujos desenhos de visualidade inquietante parecem saídos de um conto de fadas galiciano, ilustrado por Francis Bacon, como sugeriu com uma ponta de ironia o escritor berlinense Fabian Woolf.[42] Assim, também as ilustrações de Marcos Cartum conjuram temporalidades atravessadas, fazendo emergir, do bloco de notas do menino, as fisionomias que Schulz viria a desenhar na vida adulta.

Por esse tempo mesclado, viaja o cavalo alado, até aterrissar por fim num velho armazém abandonado – cenário tão familiar à prosa de Schulz. Em meio "aos montes de bugigangas," junto aos objetos descartados e dormentes, menino e cavalo se encontram e se reconhecem. Nesse reconhecimento, o cavalo se apequena, também ele matura até a infância: "[...] já não é mais tão grande quanto parecia, e as suas asas murcharam assim que a manhã começou a despontar da janela. Seus olhos agora parecem os de um cachorro manso e carente." Mas que os leitores não se enganem. Em metamorfose contínua, o cavalo já é outro nas páginas seguintes. Grande, imponente e livre, faz um convite silencioso ao menino. "É hora de ir." O menino então monta

---

42. F. Woolf, "Something Off", Jewish Review of Books, Bee.Ideas, LCC, Fall 2015. Disponível em: https://jewishreviewofbooks.com/articles/1869/something-off/. Acesso em: 7 ago. 2020.

na garupa do cavalo, sem cela e sem rédeas, "e eles galopam juntos por um gramado enorme que se desdobra para muitos lados." Galopam a contrapelo, avançando para trás, em direção ao futuro e ao encontro vindouro de "alguém que os espera." Com o livro aberto nas mãos, podemos imaginar que cavalo e menino atravessam os tempos para chegar até nós, leitores, adentrando nosso espaço imaginário com o chamado: "É hora de ir." Aceitar o pacto da viagem, trepar no cavalo, correr com ele através das páginas, não seria uma outra forma de maturar até a infância pela ação da leitura?

"Preciso de um sócio para as empresas do descobrimento"

Em carta ao escritor Tadeusz Breza, Bruno Schulz escreve em 21 de junho de 1934:

> Preciso de um companheiro. Preciso sentir a proximidade de uma pessoa afim. Desejo uma fiança do mundo interior, cuja existência estou postulando. Segurá-lo sempre só na minha própria fé, carregá-lo com a força de minha própria obstinação, contrariando tudo, é um trabalho e um tormento de Atlas. Às vezes me parece que, com esse esforçado de carregamento, seguro o nada em meus ombros. Queria poder deixar por um momento esse peso nos braços de outro, endireitar-me e olhar o que estava carregando. Preciso de um sócio para as empresas do descobrimento.[43]

---

43. Esse trecho da carta está republicado no posfácio de Henryk Siewierski. B. Schulz (2012), p. 379.

O escritor apela nesse trecho da carta para a figura do leitor como potencial testemunha e fiador da narração que ele não consegue carregar sozinho, tamanho o esforço de postular uma existência em palavras. Propor revezar com o leitor esse "esforçado de carregamento" é pensar a literatura na sua dimensão ética, como espaço de diálogo e de transmissão simbólica de experiências e histórias, que só ganham relevância e sentido, quando partilhadas e reelaboradas por outros. No caso de Schulz, esse apelo se torna imperativo e urgente, diante do perigo real de que suas narrativas não lograssem atravessar o tempo e alcançar novos leitores, com a morte prematura e violenta do autor aos 50 anos, no contexto do nazismo. Conta-se que, com a ocupação da cidade de Drohobycz, Schulz sobrevivia com a proteção de Felix Landau, um oficial da Gestapo, que explorava o famoso escritor e ilustrador, "comissionado" a pintar retratos a óleo e uma série de afrescos nas paredes de sua residência. Um dia, voltando para casa com sua cota de pão, Schulz é assassinado a queima roupa por um outro oficial nazista, inimigo de Landau. "Eu matei seu judeu", ele teria dito posteriormente a Landau. "Está bem, agora eu vou matar o seu judeu", teria replicado o rival. Essa história se torna a razão principal pela qual o autor israelense David Grossman teria se tornado escritor, segundo ele próprio relata no texto-homenagem que faz a Bruno Schulz. Nasce ali um desejo de escrita, a partir da urgência em encontrar palavras, capazes de se contrapor à visão de mundo performada por aquelas duas frases assassinas:

> Por muitos anos eu quis escrever sobre a Shoá, aquelas duas frases, aquelas amostras devastadoras da sintaxe e da visão de mundo nazistas—"Eu matei o seu judeu", "Certo, então agora eu vou lá matar o seu judeu" —foram o empurrão final, o choque elétrico

que deu início à escrita do meu romance "Ver: Amor". Eu queria descobrir o que havia em mim que eu poderia ter usado contra a tentativa nazista de apagamento. Como eu teria preservado minha faísca humana dentro de uma realidade inteiramente arquitetada para extingui-la? [...] Hoje posso dizer que a escrita de Schulz me mostrou uma nova forma de escrever sobre a Shoá e, de certo modo, também uma forma de viver após a Shoá [...][44]

Essa busca por uma língua outra, que pudesse fazer frente ao extermínio e oferecer caminhos vigorosos para o exercício da pós-memória, Grossman a encontra na própria literatura de Schulz:

> Mas quando lemos Schulz, página a página, sentimos as palavras retornando à fonte, ao mais forte e autêntico pulso de vida dentro delas. De repente queremos mais. De repente sabemos que é possível querer mais, que a vida é maior do que aquilo que evanesce conosco e continuamente se esvai.[45]

---

44. Em inglês, "For many years I had wanted to write about the Shoá, it was those two sentences, this devastating sample of Nazi syntax and world view—"I have killed your Jew," "All right, now I will go and kill your Jew"—which were the final push, the electric shock that ignited the writing of my novel "See Under: Love." I wanted to find out what there was in me that I could have used to oppose the Nazis' attempt at erasure. How would I have preserved my human spark within a reality that was wholly devised to extinguish it? [...] Today, I can say that Schulz's writing showed me a way to write about the Shoá, and, in a sense, also a way to live after the Shoá. D. Grossman, "The Age of Genius: The Legend of Bruno Schulz." The New Yorker. 1 de Junho de 2009. Disponível em: https://www.newyorker.com/magazine/2009/06/08/the-age-of-genius. Acesso em: 10 ago. 2020.
45. Em inglês, "But when we read Schulz, page by page, we sense the words returning to their source, to the strongest and most authentic pulse of the life within them. Suddenly we want more. Suddenly we know that it is possible to want more, that life is greater than what grows dim with us and steadily fades away." D. Grossman, 2009, tradução de Robledo Cabral.

A pulsão de vida que Grossman reconhece na prosa de Schulz e que associamos, ao longo desta reflexão, aos poderes demiúrgicos de uma língua-infante, dedicada a rejuvenescer tudo aquilo que toca, impulsionará a escrita do magistral romance *Ver: Amor* (2007).[46] Num dos capítulos desse livro, o autor israelense pratica a arte das metamorfoses, que teria aprendido com Schulz, e imagina um desfecho alternativo e fabuloso para o escritor que fora assassinado. No romance de Grossman, Schulz sobrevive, transformado num salmão! O personagem pula no mar de Danzig e se junta a um cardume de salmões. Como é sabido, esses peixes nadam contra a corrente por milhares de quilômetros para voltarem ao nascedouro, ao lugar onde foram gerados - onde a vida principia.

Não à toa, um salmão também nada no livro de Leda e Marcus Cartum. Ele aparece submerso, junto ao reflexo das casas que banham as águas da cidadezinha, por onde transitam as crianças de uniforme escolar, dentre elas, aquele menino muito magro que "segura firme nas mãos um lápis e um bloco de notas cheio de desenhos." A narrativa imagina os estudantes debaixo d´água, movendo-se lentamente, e "guiados por um grande salmão cor-de-rosa". A dinâmica intertextual atinge assim máxima voltagem. O livro ilustrado incorpora elementos transfigurados da obra de Schulz e, também, da obra de Grossman, leitor de Schulz. Cria-se um enovelamento potente entre

---

46. D. Grossman, *Ver: amor*, traduzido por Nancy Rozenchan, São Paulo: Companhia das Letras, 2007. Para uma leitura detida do romance de Grossman, em conexão com a obra de Schulz, ver B. Waldman, "A memória vicária de Ver: amor, de David Grossman, Webmosaica, Revista do Instituto Cultural Judaico Marc Chagall. Vol. 1, n. 2, (jul-dez) 2009, p. 73-81.

imaginários, produzidos em diferentes lugares, temporalidades e línguas. Muitos ecos reverberam nesse pequeno livro, que faz da *passagem* um princípio poético. Pois a história que se conta é a do próprio movimento de deslocação incessante do cavalo, que galopa *através*. Não importa tanto de onde vem e para onde vai, que mensagem específica carrega e a quem deve entregá-la. O importante é garantir o imperativo da passagem. Manter abertos os caminhos, para que o passado continue passando, para que os desaparecidos não desapareçam.

É o que faz a literatura de Schulz, ao trazer à existência, com uma língua forrada de infância, pequenas aparições esquecidas nos armazéns empoeirados de sua terra natal. É o que faz a literatura de Cartum, quando homenageia e renova esse sopro iniciático de linguagem que impulsiona o cavalo a seguir viagem. Na garupa dele, vai agarrada uma criança: "veja, o mundo está correndo – para onde é que está indo?"[47] Pela abertura auspiciosa dessa pergunta, a possibilidade de atravessar as incertezas do percurso com palavras recebidas dos que vieram antes. É preciso conhecer estas palavras, afirma Leda Cartum, sobre o diário da avó. Mas no idioma da neta-infante, conhecer não significa decifrar ou dissertar um conteúdo. Conhecer é apalpar e apalpar. É uma forma de tocar e ser tocado por experiências que não nos foram dadas viver e cujo sentido é uma interpelação insistente que a literatura ajuda a inscrever e a propagar.

---

47. Essa frase fecha um outro texto de Leda Cartum, em que se narra a experiência de viver "do lado de fora das palavras", antes da aquisição da língua articulada. L. Cartum, "O mundo está correndo.", in M. C. Fenati, *Infância*, Belo Horizonte: Chão da Feira, 2017, p 122-124.

Aparecer, desaparecer. Assombrações da infância com Boltanski e Benjamin

> *A luz elétrica obscureceu parcialmente o mundo, deixando muitos objetos e seres na penumbra.*[1]
> Murilo Mendes

> *Não são bem reminiscências, mas acontecimentos ainda presentes e que não esgotaram sua energia potencial, ainda atuantes, e incrivelmente futuros.*[2]
> Samuel Rawet

Ardoroso colecionador de brinquedos infantis, Walter Benjamin descreve em pequeno artigo seu fascínio com a publicação do livro *Kinderspielzeug aus alter Zeit. Eine Geschichte des Spielzeugs*[3] (1928) de Karl Gröber. Diante do monumental acervo de reproduções diminutas de cavalinhos de balanço, soldadinhos de

---

1. Murilo Mendes *apud* Julio C. Guimarães, *Territórios/Conjunções*. Poesia e prosa críticas de Murilo Mendes, Rio de Janeiro, Imago, 1993, p. 87
2. S. Rawet, "Crônica de um vagabundo", Contos e novelas reunidos, Organização de André Seffrin, Rio de Janeiro: Civilização Brasileira, 2004, p. 219.
3. Em tradução literal: Brinquedos infantis de tempos antigos. Uma história dos brinquedos.

chumbo e bonecas, reunido neste livro ilustrado com os brinquedos de antigamente, Benjamin pondera sobre o que está em jogo no ato de olhar para essas imagens:

> Mas quando um moderno poeta diz que para cada homem existe uma imagem em cuja contemplação o mundo inteiro desaparece, para quantas pessoas essa imagem não se levanta de uma velha caixa de brinquedos?[4]

Em que consiste esse efeito devastador que Benjamin supõe emergir da contemplação de antigos brinquedos? Como encontros inesperados com imagens do brincar podem abrir clarões no campo perceptivo de quem vê? Quais as conexões entre *ver* (formas ressurgidas do universo lúdico da infância) e *desaparecer* (o mundo inteiro de onde as contemplamos)? E será que algo mais aparece, quando desaparece o mundo?

Levanto essas perguntas ao olhar uma coleção de imagens que parecem saídas de um velho baú de brinquedos. Trata-se da instalação artística *"Parcours d´ombres"* (Percurso de sombras), do artista francês contemporâneo Christian Boltanski, comissionado a criar na pequena cidade de Vitteaux, na região da Borgonha, uma obra que interagisse com o patrimônio arquitetônico do lugar e colaborasse com o incremento da iluminação precária das ruas sombrias no entorno da praça central. Os tradicionais lampiões da cidade geravam uma luz mortiça, que deixava intranquilos os moradores do lugar. A expectativa de abrandar o medo com arte tomou a forma de um pedido específico do

---

4. W. Benjamin, 1984, p.75

prefeito de Vitteaux, no primeiro encontro com Boltanski: "Eu quero alguma coisa que alegre a minha cidade!"⁵

O pedido foi atendido, ainda que ironicamente. Porque ao invés de luzes, o artista propõe à cidade um circuito de sombras que bruxuleiam nas fachadas das casas quando anoitece. Uma fantasmagoria tão macabra quanto divertida, que expõe jocosamente o medo que a obra artística deveria camuflar. São figurinhas esquemáticas de bruxas, gatos pretos, morcegos, caveiras, recortadas toscamente em pequeninos pedaços de cobre e penduradas em pontos estratégicos da cidade, projetando, na contraluz de pequenos holofotes, silhuetas amplificadas e moventes sobre os muros das habitações. O conjunto de imagens espalhadas nas ruelas de Vitteaux evoca a experiência de viajar num trem fantasma de algum velho parque infantil, com seus monstros malfeitos e um tanto gaiatos, mas que não perdem de todo o poder de nos assustar.

Que reverberações estético-políticas podem se desprender dessa pequena coleção de espectros dançantes? A pergunta se afina às reflexões de Georges Didi-Huberman sobre o lamento de Pier Paolo Pasolini diante do desaparecimento dos vaga-lumes da paisagem europeia, tomada pela luz feroz e vigilante dos holofotes fascistas na década de 1940. Como voltar a iluminar a noite com lampejos de pensamento? Como produzir emissões inventivas e resistentes aos regimes de iluminação acachapante que pretendem a superexposição do visível? Na trilha dessas

---

5. C. Boltanski, \ Parcours d'ombres, Paris: Les presses du réel, 2010, (Collection Société des Nouveaux Commanditaires), p.15. No original em francês, "*Je veux quelque chose de gai pour ma ville!*" Agradeço à Judith Bines pela colaboração nas traduções do francês para o português de todas as citações mencionadas neste ensaio.

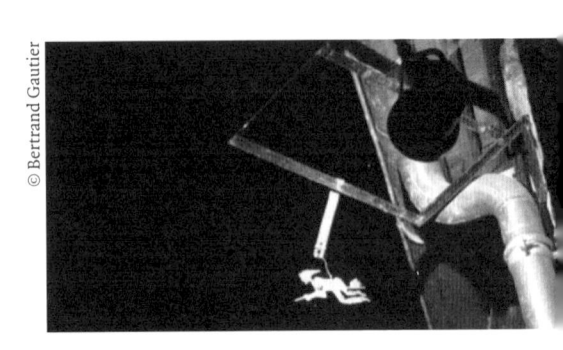

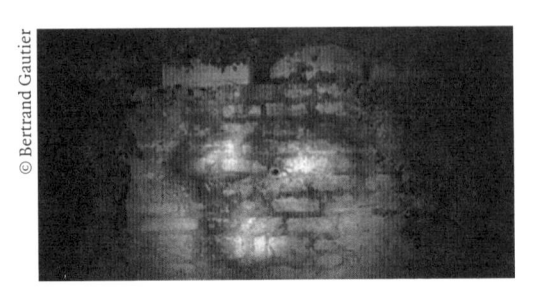

Obras realizadsa por
Christian Boltanski
como parte da ação.
*Les Nouveaux
commanditaires*,
Fondation de France.

perguntas, Didi-Huberman aciona um circuito de imagens-pensamento na obra de Walter Benjamin para acender um princípio-esperança, condicionado à ressurgência das formas ensombrecidas e das figuras crepusculares, cuja sobrevivência atualiza uma "temporalidade impura" e um espaço de imagens cruzadas entre passado e presente.[6]

Nesse cenário especulativo, a infância surge no campo da arte como operadora potencial de sobrevivências, reanimando fazeres, sensações, ritmos e linguagens já esquecidos, mas que não perderam de todo o seu poder de germinação. Aposta-se na força das coisas que foram sendo deixadas para trás, não na expectativa nostálgica de recuperá-las tal qual foram, mas na perspectiva ousada de com elas criar uma atualidade inacabada e aberta. No horizonte dessas novas constelações entretempos, produzir zonas de contato com o que é considerado já morto torna-se uma maneira de alargar o alcance da vida para incluir, também, aquilo que é jogado para fora de sua circunscrição. O que passou não é de todo passado, mas *passante*, tal como a moça que cruza o célebre poema de Baudelaire, ou como as estrelas que se opõem "ao sol da revelação", na belíssima imagem de Benjamin em carta a Florens Christian Rang.[7] Nessa carta, datada de 9 de dezembro de 1923, Benjamin compara a intensidade da arte ao brilho imperceptível das estrelas à luz do dia. Não é possível vê-las na claridade, mas elas continuam agindo de mo-

---

6. G. Didi-Huberman, "A dialética do visual, ou o jogo do esvaziamento". In: _____. *O que vemos, o que nos olha*, tradução de Paulo Neves, São Paulo: Editora 34, 2010, p.128.
7. W. Benjamin *apud* L. F. Gatti, *O foco da crítica: arte e verdade na correspondência entre Adorno e Walter Benjamin*, Campinas, São Paulo: [s.n], 2008. Tese de Doutorado (Universidade Estadual de Campinas). p. 93.

do invisível, mantendo viva a memória da noite que foi apagada ao amanhecer. Assim também com as obras de arte, segundo a leitura que faz dessa passagem a filósofa Maria Filomena Molder. As obras de arte pertencem à noite e têm o poder de iluminá-la aos nossos olhos, quando já não é mais possível ver o escuro na claridade do dia.[8]

Nessa direção, busca-se dimensionar a força política do teatrinho de sombras de Boltanski naquilo que tem de mais elementar e fugaz: a possibilidade de fazer com que as pessoas sintam um espaço ou um momento de uma forma levemente alterada,[9] a partir de conexões abertas com o universo esquecido da infância. E por infância não se entende aqui um estado puro e apartado do mundo adulto, mas uma configuração coletiva e abrangente, que pode tocar também as gerações mais velhas. Sem demarcações de idade, de traços fisiológicos ou comportamentais, a infância não coincide inteiramente com a criança, manifestando-se antes como uma dimensão humana que pode nos atravessar a qualquer momento. Durante um passeio noturno para casa, por exemplo. Seria possível pensá-la, talvez, como

---

8. Sigo aqui as considerações de Maria Filomena Molder sobre a carta de Benjamin a Rang, sintetizadas em entrevista, disponível em: https://www.publico.pt/2011/05/20/jornal/o-fogodeartificio-de-maria-filomena-molder-22041492 Também me apoio em outra obra de Filomena Molder, *O químico e o alquimista: Benjamin, leitor de Baudelaire* (2011).

9. Pauto-me aqui por um depoimento do próprio Boltanski: "*Et donc peut-être que l'elément intéressant, que l'on trouve de plus en plus rarement avec des expositions, c'est d'arriver à faire simplement que les gens sentent un espace ou un moment d'une manière un peu différente.*" (E então, o que é talvez interessante e que se vê cada vez mais raramente em exposições é, simplesmente, fazer as pessoas sentirem um espaço ou um momento de um modo um pouco diferente) C. (Boltanski, *Parcours d'ombres*, Paris: Les presses du réel, 2010. Collection Société des Nouveaux Commanditaires).

"a violência de um signo que nos força a procurar, que nos rouba a paz", como escreveu Deleuze a respeito de Proust.[10] Confrontados todas as noites com as pequenas assombrações, os moradores de Vitteaux expõem-se a experiências sensório-visuais que desassossegam a paisagem familiar e convidam a reimaginar novos trajetos nos antigos caminhos. É como se a cidade renascesse à noite, transtornada por uma visualidade surpreendente, que acende a potência esquecida dos recomeços. Pois no percurso de sombras em Vitteaux, opera-se um trabalho de invenção para aquilo que não cessa de nascer/morrer, aparecer/desaparecer – a cidade é reimaginada como um acontecimento rítmico. As assombrações aparecem e desaparecem, seguindo os ritmos alternados da noite e do dia. Quando amanhece, as figuras levemente assustadoras já não estão mais lá, visíveis. Com a luz do sol, elas simplesmente se desmaterializam. Sua aparição depende do breu. Quanto mais escura a noite, mas nítidas as sombras estampadas nas fachadas.

Essa rítmica muda decisivamente a paisagem do sensível, porque o sumiço não é um evento derradeiro, posto de uma vez por todas, como na visualidade acachapante da *Maison Manquante*,[11] um dos trabalhos mais conhecidos de Boltanski em Berlim.

---

10. Destaco esta frase de Deleuze da "Introdução" do excelente livro de Bernardina Leal sobre a presença da infância na obra de Guimarães Rosa. Cf. *Chegar à infância* (2011, p.20).
11. A *Maison Manquante* (casa perdida) foi uma obra comissionada para a comemoração do aniversário da unificação alemã no pós-guerra. Trata-se de um trabalho empenhado em materializar a desaparição de um prédio, bombardeado durante a Segunda Guerra Mundial. A lacuna na paisagem é emoldurada por placas, posicionadas nas empenas dos dois prédios adjacentes ao edifício desaparecido. Nessas placas, estão inscritos os nomes, datas de nascimento e datas de morte dos antigos residentes. Os registros estão

À diferença da casa que falta na cidade de Berlim, em Vitteaux, impera a lei do retorno. Aquilo que desaparece, ressurge. E o mais intrigante é que a paisagem se modifica e se regenera, em grande parte, à revelia da decisão humana, já que os efeitos da instalação estão condicionados ao funcionamento do mundo natural, aos movimentos de rotação da terra em torno do sol, produzindo os fenômenos do dia e da noite. São movimentos que não se podem frear, mas com os quais se pode sempre *jogar*.

"Percurso de sombras" propõe assim um jogo com os ritmos cósmicos do dia e da noite pelo dispositivo da repetição, que rege o mundo do brinquedo, segundo a teoria freudiana, a que Benjamin presta tributo, não sem fazer um desvio contundente, cuja elucidação nos ajudará a ler, nas imagens de Boltanski, aquilo que têm de mais elementar e inquietante: a possibilidade de transformar em hábito a convivência com aquilo que voltará a desaparecer na manhã seguinte. Se considerarmos o longo tempo de exposição dos moradores à obra, passados já tantos anos desde a sua inauguração em 2004, cabe pensar qual a força desse habituar-se ao desaparecer/reaparecer das sombras, que fazem das visões da infância um pulso intermitente na vida?

O jogo da repetição

No ensaio "Brinquedos e jogos, observações sobre uma obra monumental", dedicado ao já mencionado livro de Karl Gröber

---

distribuídos em toda a extensão das empenas, de acordo com os andares dos apartamentos que cada um dos moradores ocupava antes de a edificação ser destruída.

sobre a história cultural dos brinquedos, Benjamin retoma brevemente a teoria freudiana exposta em "Além do princípio do prazer" (1920) para pensar, também ele, o ímpeto da repetição nas brincadeiras infantis. É bastante conhecida a cena em que Freud observa seu neto de dezoito meses jogar para longe um carretel de madeira atado a um barbante, que desaparece atrás da caminha cortinada, para depois puxá-lo de volta à visão, repetindo inúmeras vezes o gesto de mandar embora e fazer aparecer, gestos que são acompanhados vocalmente pelo som prolongado de "óoooo", no qual Freud imagina a criança lamentar a perda da coisa, seguido pelo som alegre de "da", com que saúda a sua renovada presença. A brincadeira, escreve Freud, é uma maneira de a criança se assenhorar das perdas que ela não controla, como as ausências diárias da mãe quando sai ao trabalho. Brincando de desaparecer com o carretel, o menino transforma a sua condição passiva, de quem é abandonado sem recursos, em atividade de jogo, recuperando o poder de agir e falar sobre o objeto que vai e vem. A situação desagradável é encenada repetidas vezes como forma de elaboração das perdas, tanto as que já ocorreram, como as que tornarão a acontecer, porque a constituição do sujeito está, segundo Freud, justamente vinculada a esta dinâmica de "repor em jogo o pior",[12] como as descreve George Didi-Hubeman, ao consi-

---

12. Foram decisivas, para a minha reflexão, as considerações de Georges Didi-Huberman sobre a cena da criança com o carretel, na minuciosa análise que faz do texto freudiano no capítulo "Dialética do visual, ou o jogo do esvaziamento" do livro O que vemos, o que nos olha (2010). Nesse capítulo, o autor demonstra como a dimensão rítmica do jogo do luto "convoca uma estética" (p.80) e cria uma "obra da ausência" (p.81), em que "o objeto eleito pela criança só ´vive` ou só `vale` sobre um fundo de ruína" (p.82). A hipóte-

derar a dialética do visível proposta pela tese freudiana. "Repor em jogo o pior" equivale a atualizar permanentemente a relação do humano com o que se faz ausente. No limite, trata-se de imaginar experiências de supressão da vida e de criar encenações de despedida para tudo aquilo que existe. Esse jogo com a desaparição é, para Freud, estruturante do humano. Nas seções finais de «Além do princípio do prazer», ele associa a compulsão de repetir ao conceito de pulsão de morte, um instinto constitutivo que manifesta a força de materiais inconscientes recalcados, sendo o mais fundamental deles o desejo de restaurar um estado inercial, do qual toda matéria viva teria se originado. A evolução do homem, para recuperar a terminologia biológica empregada por Freud, estaria fundada assim na repressão de um instinto que nunca abdica de querer realizar a morte, de querer nos restituir a uma situação primordial de imobilidade em que, paradoxalmente, repetimos o mesmo para conservar energia vital, para não nos gastarmos no movimento. Na concepção freudiana, a repetição se torna, pois, um dos mecanismos fundamentais da pulsão de morte, na medida em que nos reenvia continuamente ao mesmo lugar, poupando-nos a energia que precisamos resguardar para viver.

Mas ao contrário dos pesadelos traumáticos e das neuroses de guerra, que constituem o plano maior do ensaio freudiano, em que o retornar compulsivo às cenas de perigo são sintomas patológicos da sujeição dos indivíduos àquilo que não conse-

---

se de Didi-Huberman é a de que apenas quando o carretel se torna capaz de desaparecer ritmicamente, é que ele ganha uma "eficácia pulsional" (p.82), tornando-se uma imagem visual capaz de constituir a identidade imaginária da criança, que passa a incorporar a morte na energia da vida.

guem elaborar e que, por isso mesmo, retorna sem consentimento, a brincadeira repetitiva das crianças é orquestrada por elas mesmas e se torna fonte de prazer. Freud observa que elas gostam de ouvir as mesmas histórias, sempre do mesmo jeito, para reviver aquela primeira sensação de leitura. Já para os adultos, quando escutam a mesma piada uma segunda vez, a graça se perde. A novidade é para eles condição indispensável do deleite. À medida que se abandona a infância, perde-se também a capacidade de encontrar o novo pela repetição.

Benjamin radicaliza essa sugestão de Freud e a leva para um lugar inusitado. Em linguagem efusiva, constata:

> Tudo correria com perfeição, se se pudesse fazer duas vezes as coisas: a criança age segundo este pequeno verso de Goethe. Para ela, porém, não basta duas vezes, mas sim sempre de novo, centenas e milhares de vezes. Não se trata apenas de um caminho para tornar-se senhor de terríveis experiências primordiais, mediante o embotamento, juramentos maliciosos ou paródia, mas também de saborear, sempre com renovada intensidade, os triunfos e vitórias. O adulto, ao narrar uma experiência, alivia seu coração dos horrores, goza novamente uma felicidade. *A criança volta a criar para si o fato vivido, começa mais uma vez do início.* Aqui talvez se encontre a mais profunda raiz para a ambiguidade nos "jogos" alemães: repetir a mesma coisa seria o elemento verdadeiramente comum. *A essência do brincar não é um "fazer como se", mas um "fazer sempre de novo", transformação da experiência mais comovente em hábito.*[13]

---

13. W. Benjamin, "Brinquedos e jogos: observações sobre uma obra monumental", in ____, *Reflexões: a criança, o brinquedo, a educação*, tradução de Marcus Vinicius Mazzari, São Paulo: Summus Editorial, 1984, p.75. (Coleção

Muito mais do que normalizar pela brincadeira experiências que tenham causado forte impressão nas crianças, trata-se antes de pensar o hábito como uma batida rítmica que reintroduz, a cada vez, a devastação. Dito de outra forma, aquilo que o hábito faz aparecer sempre de novo é o potencial de desaparição de todas as coisas. No hábito, tudo está a um passo de desaparecer, e de forma tão extremada, a ponto de solapar a própria consciência desta operação de apagamento, o que significa dizer que no hábito o desaparecimento se inscreve rotineiramente, sem dele nos darmos conta. Benjamin insiste que "é o jogo, e nada mais, que dá à luz todo hábito".[14] Ações costumeiras como comer, dormir, vestir-se, lavar-se são rotinas inculcadas nos pequenos através de brincadeiras sonoras, pelo ritmo de versinhos. No vai-e-vem compassado das rimas, os hábitos se internalizam, e mesmo em suas formas mais enrijecidas, ele dirá, sobrevivem nesses gestos diários "um restinho de jogo até o final" (p.75).[15]

O hábito guardaria, portanto, a memória do esquecimento do jogo. Em outras palavras, ao converter-se a brincadeira em hábito, deixamos de perceber a repetição como jogo motivado. Cotidianamente, praticamos as ações de comer, vestir, dormir, repetidas

---

Novas Buscas em Educação). Grifo meu. Reproduzi a tradução de Marcus Vinicius Mazzari, publicada no livro *Reflexões: a criança, o brinquedo, a educação* (1984). Porém, suaviza-se demais o enunciado final, a meu ver, quando se traduz "*Verwandlung der erschütterndesten Erfahrung*" (no original em alemão) por "transformação da experiência *mais comovente* em hábito". O adjetivo em grau superlativo utilizado por Benjamin - *der erschütterndesten* - alude antes à dimensão devastadora, calamitosa, aterradora da experiência a ser convertida em hábito pela via do jogo. Agradeço aos esclarecedores e-mails trocados com Susana Kampff Lages sobre a tradução desta passagem.
14. Ibidem, p.75
15. Ibidem, p.75

vezes, sem intenção, por hábito justamente. É como se o conteúdo ou o sentido das ações desaparecesse para dar lugar a um código de gestos automáticos, que agem por si sós, *apesar de nós*, gestos que nos dispensam, por assim dizer. E o agente propulsor dessa condição "alienante", de ausência de nós mesmos no hábito, é exatamente o dispositivo da repetição ritmada com seus potenciais efeitos hipnóticos. Por força do hábito, deixamos de prestar atenção naquilo que irá se fazer sem o nosso acordo, como em estado de sonambulismo. Não à toa, ao final da Infância Berlinense, livro que agrupa uma maravilhosa coleção de pequenos esquecimentos que a escrita ajuda a conjurar, Benjamin rememora os versinhos rimados de um velho livro infantil alemão:

> Quis descer à minha adega
> Para ir buscar o meu vinho,
> Está lá um anão corcunda
> Que me rouba o meu jarrinho
> Quis ir à minha cozinha
> Fazer a sopa, e já nela
> Me espera um anão corcunda
> P´ra me partir a panela
> Se pr´o quarto de comer
> Com a minha papa vou,
> Está lá um anão corcunda:
> Já metade me levou.[16]

---

16. W. Benjamin. *Rua de mão única: infância berlinense - 1900*, tradução de João Barrento, Belo Horizonte: Autêntica, 2013, p.114.

"Aqueles para quem o ano corcunda olha não dão atenção ao que fazem", Benjamin insiste.[17] A panela se quebra, o jarrinho some, o jantar é comido pela metade, quando a criança está distraída em meio às ações costumeiras, bebendo, comendo, preparando a sopa, indo dormir. É pela repetição ritmada dos gestos cotidianos, que o menino se esquece do que está a fazer e os desastres se precipitam. Se o anãozinho corcunda personifica nosso lapso com relação a nós mesmos, a aparição dessa figura do esquecimento parece estar vinculada aos efeitos poderosos da audição dos versinhos. Sua batida rítmica convida ao entorpecimento e à distração e funciona como um chamamento à aparição do anão. Os ritmos cadenciados que regulam os movimentos do menino na casa – descer à adega, buscar o vinho, ir à cozinha, fazer a sopa, ir ao quarto – acabam por transtornar as ações costumeiras. Pela repetição continuada, chega um momento em que os gestos desandam, perde-se o passo, cai-se em falso. São sintomas do esquecimento que se instalam no hábito, roubando a presença do menino dos atos que ele pratica sem se dar conta. Ao fim e ao cabo, é a repetição rítmica aquilo que captura o menino e o faz desaparecer naquilo que realiza.

A instalação artística como "coisa de criança"

Recuperemos brevemente as sugestões propostas até aqui: 1) a repetição é um jogo alegre com a desaparição; 2) a repetição dá lugar ao hábito; 3) o hábito se vincula ao jogo infantil pelas for-

---
17. Ibidem, p.15

mas ritmadas de sua performance; 4) as formas ritmadas fazem irromper o esquecimento nos percursos rotineiros.

Interessa perseguir um pouco mais como o circuito de sombras em Vitteau aciona essa cadeia de proposições. Em entrevista, Boltanski comenta a produção dos pequeninos espectros feitos de retalhos em cobre:

> E o recorte é para mim, que não sei desenhar, como o prazer do desenho. É algo insignificante, *coisa de criança* [...] Os pequenos recortes que eu faço em pedaços de cobre são de uma completa "estupidez", como quando se desenha ao telefone. Aliás, eu recorto vendo televisão. Quando eu faço esses recortes, minha única regra é não desperdiçar o cobre e utilizar tudo, mesmo os restos.[18]

Eis um artista que declaradamente não sabe desenhar e que encontra no recorte uma fonte de prazer associada exatamente à manipulação distraída. Recorta sem ver, esquecido da coisa, esquecido de si, com os olhos noutro lugar. Recorta sem intenção, sem maestria, absorto numa total "estupidez". Da proclamada inépcia artística, surge uma obra de ar enfaticamente displicente. As sombras ampliam as imprecisões das formas recortadas e reforçam a impressão de improviso, de acabamento descuidado. A caveira, por exemplo, tem um olho visivelmente maior do que o outro e os

---

18. C. Boltanski, *Parcours d'ombres*, Paris: Les presses du réel, 2010, p.16, (Collection Société des Nouveaux Commanditaires), grifo meu. No original, em francês: "Et le découpage, pour moi qui ne sais pas dessiner, c'est comme le plaisir du dessin. C'est dérisoire, un truc que font les gosses [...] Les petits découpages que je fais dans des morceaux de cuivre sont d'une total «stupidité», comme quant tu dessines au téléphone. Et d'ailleurs, je les fais en regardant la télévision. Quand je fais ces découpages, ma seule règle est de gâcher le moins de cuivre possible et j'utilise tout, même les restes."

contornos de seu crânio apresentam picos pontiagudos, resultado de picotes malfeitos no cobre. Todos estes desacertos, a bem dizer, contribuem para a dimensão de alegria e graça desse trabalho. Há uma comicidade terna nas imagens. As sombras assustam, mas são ao mesmo tempo dóceis, são artefatos de brinquedo, exibem a maleabilidade do jogo, aparecem e desaparecem com o medo, vão e vêm com ele, porque são *crias do esquecimento*, justamente. São conjuradas pelos ritmos da tesoura que simula trabalhar sozinha, reduzindo a importância do artista que recorta, desatento.

[...] quero que os objetos sejam muito frágeis e muito pequenos, no limite da insignificância e da não existência. [...] Eu espero que nunca se descubra o momento em que a criação acontece. A meu ver, o objeto é importante e carregado simbolicamente, mas sua importância deve ser minimizada na obra final.[19]

"Percurso de Sombras" é uma instalação que brinca com a escala. Criam-se jogos de ilusão, que ampliam a visão daquilo que é ínfimo, insignificante, no limiar da não existência. De fato, as pequenas silhuetas são mantidas longe da vista dos passantes e assim perde-se a conexão com a materialidade geradora das imagens. É essa perda de lastro que estará também figurada nas sombras imateriais, espessando as camadas de apagamento que ali se encenam. Ao fim e ao cabo, expõe-se de modo agigantado

---

19. C. Boltanski, Catálogo de exposição, 1º de fevereiro a 26 de março 1984. Musée National d'Art Moderne au Centre Georges Pompidou. Paris, 1984: 82. p. 82. No original, em francês: ...*je veux que les objets soient très fragiles et très petits, à la limite de l´insignificance et de la non- existence... Je souhaite que l´on ne sache jamais à quel moment se passe la création. Pour moi, l´objet est importante et symboliquement chargé, mais il doit demeurer le moins important possible par rapport à l´ "oeuvre" final.*

a fragilidade de um mundo de coisas que podem sumir a qualquer momento, como num truque de mágica. É o que observa George Didi-Huberman ao ler o texto freudiano, identificando na brincadeira do menino com seu carretel um componente pulsional fortíssimo, condicionado à precariedade do fio que pode se romper de repente, impedindo que o objeto seja enrolado de volta à visão da criança. É uma questão de vida-e-morte, afinal. É isso o que está *em jogo*, o que está *sendo jogado*. Nas palavras de Didi-Huberman, o carretel é um *quase*, no limite de não ser nada. Por isso sua "energia é formidável", porque está ligada a muito pouco e "pode morrer a qualquer momento, ele que vai e que vem como bate um coração".[20]

A propósito das batidas cardíacas, cabe mencionar um outro trabalho de Boltanski, sediado na ilha japonesa de Teshima, à beira de uma praia deserta. Ali há uma casa que abriga *Os arquivos do coração*.[21] Trata-se de uma coleção de registros sonoros com cerca de 80.000 gravações de batidas de coração, coletadas por Boltanski ao redor do mundo. Pesquisando em blogs de pessoas que gravaram as suas batidas para essa instalação artística, encontrei colocadas algumas questões existenciais de peso, que aqui parafraseio livremente: Como imaginar o futuro sem que eu esteja nele, apenas pelas batidas do meu coração? E quem das pessoas amadas se disporia a ir até Teshima para escutar a minha batida cardíaca, quando ela já tiver parado de acontecer no meu corpo? Que tipo de emoção aflorará com o som dos ausentes? Será que a minha batida é única, diferente da batida das outras pessoas?

---

20. G. Didi-Huberman, 2010, p.80.
21. L. Boltanski, 2010.

Ao fim e ao cabo, o que é possível escutar nesse arquivo de batimentos do coração? Testemunhos rítmicos da existência singular de cada um? A dimensão comum da fragilidade humana, de seu potencial desparecimento, audível em cada pausa, repetidas vezes, no intervalo suspensivo entre a sístole e a diástole? Não é o caso de forçar aproximações grandiloquentes entre os corações que batem em Teshima e a pulsação intermitente das sombras em Vitteaux. Se, por um lado, ambos os projetos exploram a emissão de signos rítmicos de vida e morte, por outro, há uma gravidade monumental em toda a complicada logística e tecnologia nos arquivos do coração que está muito distante do artesanato rudimentar e leve que anima a dança de sombras na pequena cidade francesa. Se quiséssemos brincar de encontrar uma pauta sonora mais afinada às assombrações em Vitteaux, viria a calhar o famoso verso da canção de Newton Mendonça e Tom Jobim, que diz que no peito dos desafinados também bate um coração. Algo desse contratempo esquerdo, malemolente, meio acanhado, meio risonho, de quem não leva jeito para o canto e tira disso o maior proveito compõe uma trilha musical mais próxima à textura sensível de uma instalação feita por alguém que simula não levar jeito para o desenho e faz dos recortes tortos um convite para que qualquer um assuma as tesouras desafinadamente, desobrigados da perícia artística.

Quando Boltanski define o seu trabalho em Vitteaux como "coisa de criança" (*un truc que font les gosses*), parece indicar, nas frestas desse rebaixamento, uma abrangência da figura autoral, um movimento expansivo da obra no espaço do mundo. E indica também a natureza aberta, modificável e coletiva da prática artística:

Eu penso que, para este tipo de obra, é preciso uma presença próxima da vida cotidiana, sem a dimensão sagrada da arte de museu. Alguma coisa que esteja lá, como uma lâmpada que se acende ao anoitecer e que é preciso substituir quando se queima [...] A rigor, se alguém substituísse uma silhueta que se perdeu por outra que eu não tenha feito, daria no mesmo [...] A coisa está "dada", mas ela é modificável, e isso me parece interessante. E em cinquenta anos, será como as velhas casas de Vitteaux, que ninguém sabe mais quando foram construídas ou por quem. Elas estão ali e isso basta [...] O ideal seria que os habitantes de Vitteaux amassem a instalação como coisa sua, sem se lembrar mais de que é uma obra de arte.[22]

É bonito esse desejo de amor à coisa, na relação inversa de sua desapropriação como arte. As sombras deixam de ser coisa de artista e se transformam em bem comum, disposto numa visibilidade expandida, fora das paredes e dos horários prescritos pelos museus, algo aberto ao ir e vir dos passantes nos seus trajetos habituais, uma instalação penetrável que participa dos

---

22. No original, em francês: "Je pense que, pour ce type de commande, il faut une présence proche de la vie quotidienne, sans le côté sacré de l´art d´un musée. Quelque chose qui soit là, comme une lampe qui s´allume à la tombée de la nuit et dont il faut changer l´ampoule quand elle est grillée. Oui, quelque chose de plus ouvert, de plus modifiable: à la rigueur si on remplaçait une silhouette disparue par une silhouette qui n´est pas faite par moi, ça me serait égal. Je sui persuadé qu´il y a encore beaucoup d´habitants qui ne connaissent pas mon nom, et pas une personne sur cent de l´extérieur passant par Vitteaux qui sait que ces ombres sont une oeuvre d´art. Et puis cette installation n´empêche pas les gens de repeindre leur mur en blanc, de bouger un truc... La chose est données, mais elle esta modifiable et ça me semble intéressant. Et dans cinquante ans, ce serait comme les vieilles maisons de Vitteaux dont on se sait plus très brien de quelle époque elles sont ou qui les a construites: seleument c´est là! L´idéal, je veux dire ce qui aurait du sens, serait que les habitants de Vitteaux l´aiment el la respectent comme une chose à eux, tout en ne sachant plus que c´est une oeuvre d´art."

fluxos da vida: entrar e sair de casa, visitar os vizinhos ou caminhar até a praça pública, para onde todas as sombras convergem, local de encontro e partilha.

A energia coletiva mobilizada para esse percurso de sombras também é um fator fundamental no enfraquecimento da figura do indivíduo-artista. A intervenção aconteceu no âmbito do programa de ação cultural *Societé des Noveaux Commanditaires*, apoiada pela *Fondation de France*, que põe em contato três instâncias fundamentais: 1) os patrocinadores ou solicitantes, que se associam para formular um desejo de arte nos espaços em que vivem; 2) um mediador, a quem esta solicitação é encaminhada e a quem caberá buscar um artista que possa responder aos anseios da comunidade; 3) o artista comissionado para realizar a obra. O mediador fica também incumbido de conectar o artista com a comunidade, propiciando encontros de discussão do projeto, além de ajudar na gestão de todo o complexo processo que envolve viabilizar uma obra de arte no espaço público, obra que deverá ser inteiramente financiada e integrada por aqueles que a demandam.[23]

No caso específico de Vitteaux, o grupo de *commanditaires* foi composto pelo prefeito da cidade e pelos membros da Câmara Mu-

---

23. Na página da Sociedade *Nouveux Commanditaires* há a descrição de vários projetos levados a cabo pelos mais variados grupos de pessoas, engajadas na reimaginação de seus ambientes familiares ou profissionais. Uma das iniciativas mais inusitadas partiu dos médicos patologistas do Departamento de Medicina Forense de um pequeno hospital na França, desejosos de humanizar as salas assépticas e soturnas em que eram feitas as autópsias e velados os corpos de acidentados na região. A ideia, paradoxal e bela, era a de dignificar a vida humana, mesmo a dos mortos. A intervenção agregou o trabalho de um arquiteto, de um artista plástico e de dois músicos que transformaram e sonorizam os espaços, em diálogo contínuo com os profissionais do hospital, responsáveis por gerir todas as fases da obra. Disponível em: http://www.nouveauxcommanditaires.eu/en/25/41/parcours-d'ombres.

nicipal, representando os interesses dos moradores. Xavier Doroux atuou como mediador entre a comunidade e Christian Boltanski, tendo escolhido este artista em particular por seu trabalho anterior com luzes e sombras, em conexão com os temas da memória e do desaparecimento, em contextos violentos de guerra.[24] O primeiro encontro entre o artista e os moradores aconteceu numa capela desativada e colocada à disposição do projeto. O clima inicial era de desconfiança e desconforto. Da janela do primeiro piso de uma das casas, alguém gritava: "Ei, você não vai colocar uma caveira na minha fachada, fora de cogitação!"[25] Outros tentavam negociar suas preferências. Uma moça pede a figura de uma bruxa de vassoura nos muros de sua casa. Outra se entusiasma com a estampa de um pequeno fantasma. Um grupo de moradores fica encarregado de providenciar e instalar a iluminação adequada às projeções. A adesão paulatina e logo animada dos moradores ao projeto, bem como seu envolvimento efetivo em diferentes frentes do trabalho, da distribuição e localização das silhuetas à execução final, fez crescer o amor pela coisa, algo afinado ao que Benjamin vislumbrava como efeito potente das fantasmagorias surrealistas: um "descobrir no espaço da ação política o espaço completo da imagem".[26] Um espa-

---

24. Uma amostra das obras de Boltanski pode ser vista em http://www.artnet.com/artists/christian-boltanski Remeto os leitores, em particular, à instalação *Théatre d´ombres* (1984), espécie de protótipo do trabalho que desenvolveria anos depois na cidade de Vitteaux. Disponível em: https://www.youtube.com/watch?v=TDrFplT3Nug.
25. No original, em francês: "Ah dis donc vous n´allez pas me mettre une tête de mort sur ma façade, ça pas question!"
26. W. Benjamin, "O surrealismo. O último instantâneo da inteligência europeia", in *Obras escolhidas. Magia e técnica, arte e política*: ensaios sobre literatura e história da cultura, v. 1, tradução de Sergio Paulo Rouanet, São Paulo: Brasiliense, 1985, p.34.

ço cuja potência não seria medida de forma contemplativa, mas na maneira como o corpo e o espaço das imagens se interpenetram, de modo que a coisa artística seja transformada em "inervações do corpo coletivo".[27] É a partir de um corpo coletivo que a obra de Boltanski continuará a se expandir, passados seis anos de sua inauguração. Em 2010, os moradores quiseram ampliar o percurso inicialmente proposto, produzindo e pendurando eles mesmos as novas silhuetas e lâmpadas em outras ruas da cidade, como o próprio artista havia prenunciado. Assim, a obra ganha uma segunda inauguração, já com um novo prefeito, que leva a cabo a iniciativa do percurso estendido. Boltanski comparece agora como convidado nesse desdobramento da obra, que ele ajudou a disparar, e que se alastra, dispersando qualquer assinatura.

Nesse segundo tempo, os moradores brincam de fazer de novo, começam mais uma vez do início, convocam a invenção como prática rítmica, fadada a reaparecer e, pela repetição, a se transformar em hábito. Quando a invenção se torna reincidente, é possível imaginar um cenário exponencial em que, a cada tantos anos, novas gerações confeccionem silhuetas que projetarão novas sombras em novas ruas, até o ponto em que todas as fachadas recebam sombras e já não seja mais possível distinguir a cidade da instalação artística. Então as ruas de Vitteaux deixarão de ser um lugar de atração turística para se tornar lugar comum, vocação inicial da cidade, um lugar qualquer esquecido de sua particularidade, lugar para se passar a vida, para ver a vida passar, para ver tudo aquilo que passa, na batida leve e ritmada de uma infância que assombra ao voltar a nascer.

---

27. Ibidem, p.34.

REFERÊNCIAS BIBLIOGRÁFICAS

Benjamin, Walter. "Brinquedos e jogos: observações sobre uma obra monumental". In: ____. *Reflexões: a criança, o brinquedo, a educação.* Tradução de Marcus Vinicius Mazzari. São Paulo: Summus Editorial, 1984, p.71-75. (Coleção Novas Buscas em Educação).

Benjamin, Walter. "O surrealismo. O último instantâneo da inteligência europeia". In: ____. *Obras escolhidas. Magia e técnica, arte e política: ensaios sobre literatura e história da cultura,* v. 1. Tradução de Sergio Paulo Rouanet. São Paulo: Brasiliense, 1985, p.21-35.

Benjamin, Walter. *Rua de mão única: infância berlinense - 1900.* Tradução de João Barrento. Belo Horizonte: Autêntica, 2013.

Boltanski, Christian. Catálogo de exposição, 1º de fevereiro a 26 de março 1984. Musée National d'Art Moderne au Centre Georges Pompidou. Paris, 1984: 82. 123p.

Boltanski, Christian. *Parcours d'ombres.* Paris: Les presses du réel, 2010. (Collection Société des Nouveaux Commanditaires).

Boltanski, Christian. *Théatre d´ombres.* Disponível em: https://www.youtube.com/watch?v=TDrFplT3Nug.

Boltanski, Christian. *Les archives du coeur.* Disponível em: http://benesse-artsite.jp/en/art/boltanski.html.

Boltanski, Christian. *Parcours d'ombres. Société des Nouveaux Commanditaires.* Disponível em: http://www.nouveauxcommanditaires.eu/en/25/41/parcours-d'ombres.

Boltanski, Christian. *Parcours d'ombres. L´été des Arts en Auxois-Morvan 2010. Disponível* em : http://auxois.arts.free.fr/francais/pages_lieux/boltanski_ete04.htm.

Didi-Huberman, Georges. "A dialética do visual, ou o jogo do esvaziamento". In: ____. *O que vemos, o que nos olha.* Tradução de Paulo Neves. São Paulo: Editora 34, 2010, p.79-116.

Freud, Sigmund. "Além do princípio do prazer, psicologia de grupo e outros trabalhos: 1920-1922". In: ____. *Obras psicológicas completas de Sigmund Freud:* edição Standard Brasileira. Tradução de Cristiano Monteiro Oiticica. Vol. XVIII. Rio de Janeiro: Imago, 1996.

Gatti, Luciano Ferreira. O foco da crítica: arte e verdade na correspondência entre Adorno e Walter Benjamin. Campinas, São Paulo: [s.n], 2008. Tese de Doutorado (Universidade Estadual de Campinas).

Les Nouveaux Commanditaires. Disponível em: http://www.nouveaux-commanditaires.eu/.

Quero te contar lisamente

> Nos tempos que correm ninguém pode agarrar-se àquilo que "sabe fazer". O trunfo é a improvisação. Todos os golpes decisivos serão desferidos com a mão esquerda.
>
> Walter Benjamin

"Quero te contar lisamente" é um pedaço de frase, retirado da novela *Quatro negros* do escritor Luis Augusto Fischer. É uma expressão síntese da voz narrativa, que conversa com o leitor da primeira à última linha, pleiteando junto a nós um discurso liso, que escorrega diretamente ao real, até os cenários, situações e personagens que dão corpo ao relato. Trata-se de um mimetismo ensaiado, escancaradamente *fake*, que se autodestrói no momento mesmo de sua enunciação pelo narrador. Ao prometer o liso, na forma de um trajeto desimpedido entre as palavras e as coisas, o narrador nos dá, ao invés, a presença intrusiva de sua voz, produzindo mediações e distanciamentos que boicotam, com ironia, o projeto de contar lisamente. Até aí, nada de novo. Prometer o liso e oferecer no lugar a retórica do liso é o material próprio da literatura na sua potência metalinguística.

Mas seria possível imaginar uma escrita que levasse a cabo o projeto de contar lisamente, sem ironia? Sem metalinguagem?

Seria possível imaginar uma escrita lisa, verdadeiramente mimética, em que as palavras estivessem enlaçadas nas coisas, em estado de indistinção? Em que espaço e em que tempo esse experimento poderia acontecer? E qual sujeito estaria apto a realizar uma experiência assim catastrófica, que o lançasse nessa "zona de arrebentação da linguagem"[1], rasgando o seu corpo para uma abertura radical em direção à exterioridade?

O artista plástico Nuno Ramos, no livro Ó, candidata a criança para o sacrifício à beira mar – esse ser de corpo vulnerável, que ainda não fechou os limites de si e explora o mundo em estado de entrega aos objetos, que leva à boca ou sobre os quais tropeça ou que deixa cair, espatifando-os em seu trajeto desastrado, quando não se quebra a criança ela mesma, no seu andar hesitante em meio a quinas, protuberâncias, escorregadores, bancos bambos, a caminho do pote de biscoitos na prateleira mais alta. A bagunça que a criança provoca ao redor de si guarda, nas palavras de Nuno Ramos, "a potência completa e desimpedida de cada objeto de que fomos em algum momento separados [...] de que nos afastamos pelo cansaço e pelo trabalho, pela labuta de determinar a posição, a velocidade e o sentido de cada detalhe que nos circunda".[2]

Diante do caos que a criança provoca ao explorar um estado de vizinhança e indefinição entre si mesma e as coisas que toca, Ramos propõe rearrumar as gavetas, mas na contramão

---

1. José Antonio Pasta escreve na orelha do livro Ó, de Nuno Ramos, sobre a "zona de arrebentação da linguagem" que dilui os gêneros literários e as modalidades discursivas, tornando complicada a definição dos textos como contos, poemas em prosa, ensaios ou autobiografia.
2. N. Ramos, Ó, São Paulo: Iluminuras, 2008, p.114-115.

daquilo que a mãe ordena à criança, quando exige que ela guarde os sapatos espalhados pela casa, pendure as calças no cabide, enrole as meias e acomode cada coisa em seu devido lugar, por sistemas classificatórios que agrupam os itens destinados a um mesmo fim. Blusas se juntam a outras blusas, nas gavetas de blusas, onde não cabem pijamas nem shorts nem nada que não sejam blusas. Tal "alinhamento cientificista" de nossas gavetas tenta domesticar "o grito áspero da matéria e dos formatos num baralho numerado em que as cartas se dispersam apenas para retornar a nós em seguida, em tediosas canastras".[3] Organizamos o mundo numa espécie de arquivo morto, feito de associações previsíveis e padrões de regularidade, que não nos permitem mais escutar "a estranha gramática que une uma camada de poeira às listras de um veludo".[4] Para voltar a perceber o parentesco surpreendente entre poeira e veludo seria preciso alterar a estrutura da catalogação, como sugere Nuno Ramos, de modo que cada classe de objetos partilhasse, não da característica que lhes é declaradamente comum, mas de algo muito mais fugaz e remoto, que unisse as coisas a partir de traços insuspeitos, formando novas coleções a partir de novos critérios.

Assim, Nuno Ramos aproxima, por semelhança cromática, o tom noturno de um sobrado, a cal sem vida de um muro, a penugem cinzenta de um viralata, a marca de nascença na coxa de uma mulher; o rugido enfraquecido de um velho felino, iniciando uma cadeia de similitudes que se encaminham para uma única gaveta. Nomear essa gaveta, onde se torna possível guar-

---
3. Ibidem, p.115.
4. Ibidem

dar coisas de natureza tão diversa, exige do escritor uma língua capaz de se fartar na desordem e na bagunça. Ramos imagina que essa língua, na sua versão escrita, seja resultado da atividade de uma mão canhota, que produz borrões e impede a distinção de letras, sentidos e formas bem acabadas. O mundo figurado à feição da mão esquerda produz paisagens em ruínas:

> [...] as casas semidesabadas em ângulos imperfeitos, cidades sem verticais nem empenas, sem microengenharia ou detalhes incrustados no granito. A vida inteira, rascunho de uma outra, iria se espalhando, sonsa e bêbada, em avenidas tão estreitas que nem sempre um passo nosso caberia, e toda linha de contorno é interrompida e torta, descontínua.[5]

A canhota desenha moradias que não se sustentam de pé e desmoronam, tal qual os recém-nascidos, porque são ambos, as casas tortas e os bebês, estruturas em aberto, de traçado informe, inacabadas e desprovidas de solidez. A infância surge aqui como o local de uma troca viva entre o humano e as coisas do mundo, explorando passagens e cavernas por onde as formas venham a escapar de suas couraças protetoras para firmar afinidades potentes, numa superposição de materiais que se avizinham por força da ação desmedida da criança diante da vida. Num piscar de olhos, a criança derruba a xícara de café no jornal e já não há mais jornal, nem xícara, nem café, como instâncias separadas e distantes, mas uma mancha única, que inviabiliza tanto o jornal, que já não se pode mais ler, quanto o café, que já

---

5. Ibidem, p.112.

não se pode mais beber. Tudo fica desperdiçado. "Matéria sem serventia nem propósito".[6] Sapos pisoteados, insetos de asas arrancadas, cacos de vidro pela cozinha, embalagens de presente que a criança estraçalha com furor. Todos esses restos sem função testemunham as metamorfoses que a mão esquerda propicia, quando desloca os objetos abruptamente, fazendo surgir entre eles rotas de colisão, novas trajetórias e vetores de força. A escrita de Nuno Ramos quer ser herdeira desta canhota atrapalhada, que precipita as palavras em queda livre, deslizando-as lado a lado na página, em pontuação errática, produzindo pequenas calamidades, de sons, imagens, afetos, sensações, que se alastram e se proliferam pelo meio, como as descreveria Deleuze,[7] fazendo balançar a língua para lá e para cá, em modulações intensivas:

> então alguma coisa como canto sai de alguma coisa como boca, alguma coisa como um á, um ó, um ó enorme, que toma primeiro os ouvidos e depois se estende pelas costas, a penugem do ventre, feito um escombro bonito, um naufrágio no seco, um punhado de arroz atirado para o alto, é em nossa voz o chamado longínquo de um sino, canto e me espanto com isso, demoro a má notícia, esqueço o medo imerecido, esqueço que sou triste e grito e bato os dois címbalos como se minhas amídalas abrissem caminho ao inimigo em meu tímpano, cachimbo coletivo que traga e queima o contorno do morro, a sombra da nuvem, a linha da espuma, o samba nos juncos [...]

---

6. *Ibidem*, p.118.
7. Ver G. Deleuze, "Gaguejou", *Crítica e Clínica*, tradução Peter Pál Pelbart, São Paulo. Ed. 34, 1997, p.122-129.

feito microfonia, um ó que fosse crescendo também nos bichos, nas colmeias, no pêlo dos ursos, na lã das mariposas e das taturanas, no chiado do leão sem dentes que segue de longe a própria matilha sem ouvir o ó crescente das hienas que comem, comem neste momento o próprio cadáver [...] ó da morte e do esquecimento, também aí há um ó.[8]

Ouvimos nessa passagem a língua em estado de desequilíbrio ou em estado de "boom."[9] A língua explode barreiras sintáticas e se precipita em curvas não-fechadas, abrindo canais de passagem entre as palavras, encadeadas pelo fluxo sonoro e pelo ritmo vertiginoso da prosa. Pela tensão entre os elementos em contato, algo dessa composição finalmente se desprega, como um bloco sonoro indecomponível – "aí há um ó." Quando a língua atinge esse "estado celestial", ela diz "o que as crianças dizem."[10] Não é gratuita a terminologia deleuziana de "literatura menor",[11] destinada a esse uso intensivo da língua. Tornar menor é reconduzir a língua à infância, ao local de uma experiência não representacional da linguagem, em que as palavras ainda não possuem sentidos estritos, em que o próprio sujeito da frase ainda não é sujeito, primeira pessoa do singular, mas *infante*, sem fala, sem linguagem que consolide uma subjetividade individualizada, encapsulada nela mesma, produtora de sentidos

---

8. N. Ramos, Ó, São Paulo: Iluminuras, 2008, p.59-61.
9. G. Deleuze, "Gaguejou", Crítica e Clínica, tradução Peter Pál Pelbart, São Paulo. Ed. 34, 1997, p. 124.
10. Ver G. Deleuze, "O que as crianças dizem", Crítica e Clínica, tradução Peter Pál Pelbart, São Paulo, Ed. 34, 1997, p. 73-79.
11. Ver G. Deleuze, e Guattari, F. Kafka, por uma literatura menor, tradução de Cíntia Vieira da Silva, Belo Horizonte: Autêntica, 2014.

e de intenções. Minorar a língua é assim abri-la ao balbuciar infantil que a indetermina, porque as crianças se exprimem sempre por indefinidos, como propõe Deleuze, perseguindo uma experiência-limite, um ponto em que não se distinguem mais daquilo a que estão prestes a se tornar. É uma entrega desabrida em direção às palavras que a criança encontra pela primeira vez e que saboreia sem cuspir, misturando-as na boca, aglutinando-as, embaralhando sons, confundindo sentidos, errando tudo, de modo que seus tropeços na língua interrompam formas fatigadas de dizer e inventem para as palavras novas conexões.

A arte diz o que as crianças dizem, quando provoca mal-entendidos que abalam a estabilidade da língua, à medida que apontam para sentidos desviantes, sufocados pelo uso corrente do idioma. São modos esquerdos de penetrar na língua e de ativar nela dimensões possíveis, esquecidas ou recalcadas por força de processos de cristalização semântica. O poema de Manoel de Barros, "Cabeludinho",[12] é eloquente neste sentido:

> Quando a Vó me recebeu nas férias, ela me apresentou aos amigos: Este é meu neto. Ele foi estudar no Rio e voltou de ateu. Ela disse que eu voltei de ateu. Aquela preposição deslocada me fantasiava de ateu. Como quem dissesse no Carnaval: aquele menino está fantasiado de palhaço. Minha avó entendia de regências verbais. Ela falava de sério. Mas todo-mundo riu. Porque aquela preposição

---

12. Agradeço à Giselly Peregrino a lembrança desse poema de Manoel de Barros, cuja obra ela analisou em sua dissertação de Mestrado, sob minha orientação, no âmbito do Programa de Pós-Graduação em Literatura, Cultura e Contemporaneidade da PUC-Rio. A dissertação está publicada em livro, sob o título de *Infância, Educação e Manoel de Barros*.

deslocada podia fazer de uma informação um chiste... Aprendi a gostar mais das palavras pelo que elas entoam do que pelo que elas informam. Depois ouvi um vaqueiro a cantar com saudade: Ai morena, não escrevel que eu não sei a ler. Aquele a preposto ao verbo ler, ao meu ouvir, ampliava a solidão do vaqueiro.[13]

Os erros gramaticais reconduzem a língua a uma dimensão não instrumental, não comunicativa, uma dimensão propriamente "menor", que a liberta da utilidade pragmática, tornando-a objeto de fruição desinteressada. Minorar significa aqui salvar o idioma das fórmulas necrosadas, fazê-lo nascer, propiciar o acontecimento da infância.

A ideia de nascimento é algo da ordem da radicalidade. Uma origem absoluta, algo que surge e sobre o qual não é possível impor um percurso previamente definido. A infância como abertura ao desconhecido, uma experiência que não é dedutível de condições já existentes. Está além do que conhecemos e do que possamos planejar para ela. A criança que nasce não cabe em nosso mundo já planificado, em nossa cronologia arrumada. Ela é o que interrompe toda cronologia, como sugere Hannah Arendt em A condição humana. É um outro que nasce e que instala uma descontinuidade absoluta com tudo o que veio antes, virando o nosso mundo de ponta a cabeça, colocando tudo em xeque. Essa aparição nova, irrepetível, pura diferença nos faz uma convocação, que o educador Jorge Larrosa resume de forma contundente: "deves abrir para mim um espaço no mundo".[14]

---

13. Barros, 2010, p.43, grifo meu.
14. Larrosa, 2004, p.192.

Pôr-se à disposição daqueles que vêm, "estes seres estranhos que não entendem a nossa língua",[15] nos lança para perto da condição estrangeira que um dia também experimentamos ao nascer, e cujas turbulências muitas vezes nos esforçamos em aplacar ao longo da vida. A arte da canhota nos presta um estranho auxílio, quando nos ajuda a revisitar essa experiência da qual estávamos ausentes, porque experiência do próprio nascimento da experiência, do sujeito e da linguagem. Dito de outra forma, a mão esquerda nos relembra que nascemos antes de nascermos para nós mesmos, para retomar o pensamento Jean-François Lyotard:

> O nascer não é apenas o fato biológico do parto, mas sob a cobertura e a descoberta deste fato, o acontecimento de uma possível alteração radical no curso que empurra as coisas a repetir o mesmo. A infância é o nome desta faculdade, tanto mais quanto aporta, no mundo do que é, o espasmo do que, por um instante, não é ainda nada. Do que *já* é mas ainda sem ser *algo*.[16]

Nascemos e ainda não somos sujeitos, ainda não adquirimos linguagem. O fato de nascermos *infantes*, de não nascermos já falando, assim como o cachorro que nasce já latindo ou o pássaro que nasce já piando, esse disparate radical "entre o que temos e o que não temos ao nascer"[17] é o que define a pró-

---

15. Ibidem, p.186.
16. W. O. Kohan, *Infância. Entre educação e filosofia*, Belo Horizonte: Autêntica, 2003.
17. A expressão é citada Walter O. Kohan, em alusão ao pensamento de Giorgio Agamben em *Infância e História* (2001). W. O. Kohan, "Da maioridade à minoridade: filosofia, experiência e afirmação da infância", p. 243.

pria condição humana como experiência da cisão, nos termos de Giorgio Agamben. Através da infância, saltamos, ele nos diz. Do inumano para o humano, do sem fala, para o falante, do vazio para a história. A infância abre o espaço da história, mas não como desenvolvimento contínuo de seres-humanos falantes, e sim como cesura e intervalo. A criança que acessa pela primeira vez a linguagem tem uma experiência da própria língua, na sua gênese. Não da língua como veículo para experimentação de um objeto que ela nomeia. Mas a língua em sua pura auto referencialidade, uma língua que não expressa nada além dela mesma, o que Agamben chama de *Experimentum linguae*, algo que ocorre numa temporalidade inaugural, num momento de susto diante do acontecimento da língua, diante do fato de que a língua está ali como coisa material, como presença no mundo.

Ó de Nuno Ramos vai ao encontro da existência bruta da língua, de sua concretude, produzindo um som onomatopaico que ativa algo primitivo, o que Walter Benjamin nomeia como faculdade mimética, a capacidade de produzir semelhanças e correspondências extrassensíveis entre as palavras e as coisas. A onomatopeia abre a língua novamente para uma proximidade acústica com o exterior, rompendo a blindagem que interdita a contaminação recíproca entre o "de dentro" e o "de fora", firmando através do Ó uma aliança visceral entre o acontecimento espantoso da língua, a coisa em si, e a expressão desse espanto. Nesse Ó grita-se também a epifania de uma "linguagem total e espalhada, contaminando e contaminada, o acesso enfim, perene e constante, a todas as outras coisas".[18] Nuno Ramos imagina sair da boca do menino essa língua utópica, infinitamente plástica, agarrada aos objetos ao redor, cuja mágica consiste em fazê-los durar mais tempo, em dar-lhes uma sobrevida, ao retirá-los de cadeias habituais de sentido para os expor e os ressignificar em novas redes combinatórias:

> Dentro de mim se alguém morria podia falar de novo, eu era o boneco de um enorme ventríloquo que eu mesmo dublava e movia. Tudo aliás era dublado, portas, rangido, os joelhos das tias velhas. E o sequilho que vinha junto com o café, a copa da árvore tétrica batendo no vidro da janela eram parte deste ventríloquo que botava palavras em minha boca. Aliás, não eram bem palavras mas valises cheias de melaço escorrendo por tudo, na velocidade que eu exigia do meu corpo para o grande salto – e do outro lado deste salto, numa estranha coincidência, sempre alguém me esperava, a mãe, areia ou almofada, um vácuo com tapete embaixo, a sela de um cavalo atravessando uma campina cheia de índios que me matavam sempre, mas eu nunca morria. Dentro de mim ninguém nunca morria.[19]

A renovação da vida se vincula à prática desse menino-ventríloquo-dublador, alguém que aproveita a língua, mas não como sujeito de si, detentor da própria voz, mas como quem é atravessado pelas palavras e pelas coisas, mimetizando-as em encadeamentos vigorosos, através da narração de um fio estira-

---

18. N. Ramos, Ó, São Paulo: Iluminuras, 2008, p.249.
19. Ibidem, p.222.

do de história, por onde se lança o corpo miúdo da criança, em trajeto sempre arriscado. O risco corre por conta do que nesse trajeto há de violação, porque abrir a boca para a dublagem de vozes não autorais ou abrir o corpo para a metamorfose de formas alheias é perder-se, deformar-se, desfocar a visão, gerar microfonia, dissonância, tom menor, até o ponto em que não seja mais possível o reconhecimento, tal como nos garranchos incompreensíveis da mão canhota. Através desta narrativa esquerda, nua e exposta às flechadas dos índios na campina, a infância na obra de Nuno Ramos rascunha formas de resgatar o artista adulto da morte certa, integrando-o, lisamente, a uma paisagem vibrante, de energia intensa, para onde toda a variedade reflui e converge em máxima concentração, como num quadro de Van Gogh:

> Somente deste lugar em que voam as telhas, em que afundam os carros na lama e caem os edifícios será possível atacar, com alguma chance de vitória, a falsa solidez de nosso corpo, daquilo que nos circunda, de nosso amor, de nossos bens – dos nomes que dizemos, dos desejos que todo o tempo nos dominam. Somente o mundo em pedaços pode ser convertido em matéria muda, não conformada – matéria sem serventia nem propósito. Então quem sabe será possível tomar parte nela sem que sejamos autores, pequenos deuses acovardados atrás do mando e do verbo. Então seremos arrancados para o alto pelo cone enorme mas sem medo pousaremos sobre o trigo, sobre o olho de um girassol imenso e amarelo.[20]

---

20. *Ibidem*, p.118.

REFERÊNCIAS BIBLIOGRÁFICAS

Agamben, Giorgio. *Infância e história: destruição da experiência e origem da história*. Tradução Henrique Burigo. Belo Horizonte: Ed. UFMG, 2005.

Barros, Manoel. *Memórias inventadas: as infâncias de Manoel de Barros*. São Paulo: Ed. Planeta, 2010.

Benjamin, Walter. "A doutrina das semelhanças." In: _____. *Obras escolhidas: Magia e técnica, arte e política*. Tradução Sergio Paulo Rouanet. São Paulo: Brasiliense, 1985, p.114-119.

Benjamin, Walter. "Mercadoria Chinesa". *Rua de Mão Única: Infância Berlinense: 1900*. Edição e tradução de João Barrento. Belo Horizonte: Autêntica Editora, 2013, p.13-14.

Deleuze, Gilles. *Crítica e Clínica*. Tradução Peter Pál Pelbart. São Paulo: Ed. 34, 1997.

Deleuze, Gilles e GUATTARI, Félix. *Kafka, por uma literatura menor*. Tradução de Cíntia Vieira da Silva. Belo Horizonte: Autêntica, 2014.

Kohan, Walter O. *Infância. Entre educação e filosofia*. Belo Horizonte: Autêntica, 2003.

Larrosa, Jorge. "O enigma da infância ou o que vai do impossível ao verdadeiro." In: _____. *Pedagogia profana: danças, piruetas e mascaradas*. Tradução Alfredo Veiga-Neto. Belo Horizonte: Autêntica, 1999. p. 183-198.

Lyotard, Jean-François. *Lecturas de Infância*, Buenos Aires: EUDEBA, 1997.

Peregrino, Giselly dos Santos. *Infância, Educação e Manoel de Barros*. Curitiba: Ed. CRV, 2017.

Ramos, Nuno. *Ó*. São Paulo: Iluminuras, 2008.

Histórias invisíveis

Quando o escritor argentino Jorge Luiz Borges ficou cego, passou a precisar de um ledor.[1] A experiência de ler para Borges foi relatada por Alberto Manguel no livro *Uma história da leitura*:

> Ler para um cego era uma experiência curiosa, porque, embora com algum esforço, eu me sentisse no controle do tom e do ritmo da leitura, era todavia Borges, o ouvinte, quem se tornava senhor do texto. Eu era o motorista, mas a paisagem, o espaço que se desenrolava, pertenciam ao passageiro, para quem não havia outra responsabilidade senão a de aprender o campo visto das janelas. Borges escolhia o livro, Borges fazia-me parar ou pedia que continuasse, Borges interrompia para comentar, Borges permitia que as palavras chegassem até ele. Eu era invisível.[2]

Nesse trecho, Manguel generosamente desaparece para materializar Borges, protagonista onipresente da cena da leitura. A

---

[1]. Ledor, e não leitor, é a denominação comumente utilizada para designar aquele que lê em voz alta para a pessoa com deficiência visual.
[2]. A. Manguel, *Uma história da leitura*, tradução de Pedro Maia Soares, São Paulo: Companhia das Letras, 1997.

imagem do ledor como condutor discretíssimo de um passeio que não lhe pertence e durante o qual deve permanecer em atitude de total disponibilidade para o outro é bastante complexa. Acredita-se que quanto menos intrusiva a voz do ledor, livre de entonações e interpretações exageradas dos personagens e das situações narradas, maior a possibilidade de encontro entre o ouvinte e o texto lido. A voz do ledor deve se aproximar da voz interna que ressoa em qualquer leitor quando folheia as páginas de um livro e diz para si mesmo, silenciosamente, as frases que lê. Não se trata, contudo, de produzir uma voz monocórdia, sem vida. Há que se ler com gosto, com ritmo, acompanhando a pontuação do texto de modo a vocalizar as acelerações, as pausas, os pianíssimos. A ideia é fazer com que o ouvinte escute a respiração do texto, perceba o seu passo, a sua pauta sonora, a palheta de cores, texturas e sensações ali sugeridas e assim reúna mais elementos para o jogo de imaginar. Mas essa parceria sutil entre a voz de um e o ouvido do outro se quebra facilmente. Basta o ledor se encantar demais com a própria voz e a leitura arrisca virar espetáculo. É uma questão de foco e ênfase. O importante é facultar acesso ao mundo narrado, usando a voz para pavimentar ao ouvinte, na medida do possível, um trajeto desimpedido até o texto. Se, entretanto, a voz chama mais atenção para si própria do que para o material que está sendo lido, como que a esperar uma salva de aplausos por malabarismos sonoros bem executados, a experiência do ouvinte é comprometida por uma profusão de ruídos que atravancam a aproximação ao texto. A mediação do ledor deve ser sóbria, sem perder o viço. Não é simples. Uma forma de evitar excessos é ter em consideração que a leitura em voz alta não é um solilóquio, mas interação. Trata-se de ler para o outro, com o outro. Estar atento às suas necessidades: voltar atrás, ler de novo, avançar... O que significa também tornar-se ouvinte apurado da própria voz, na medida de seu impacto no imaginário do outro. Em outras palavras, a voz que lê não é confeccionada por geração própria, fruto apenas de um esforço pessoal ou do domínio desta ou daquela técnica. O ledor lê com uma voz compartilhada, que não lhe pertence integralmente, já que é plasmada também pelo ouvinte que ali injeta os seus desejos, com potencial de interferir no andamento, no timbre e na altura da voz, no curso da leitura.

Essa curiosa experiência de confeccionar uma voz cruzada e vulnerável ao atravessamento de outras vozes tem sido um desafio em minha vida desde o ano 2000, quando iniciei um trabalho voluntário no Instituto Benjamin Constant (IBC) no Rio de Janeiro. Trata-se de um centro de referência nacional para questões de deficiência visual, onde funciona uma escola que atende crianças e jovens da Educação Infantil até o Ensino Médio. Quando me apresentei lá pela primeira vez, desconhecia inteiramente o universo da cegueira e ansiava por uma aproximação mais efetiva, por conta de minha história familiar. Minha bisavó materna Rosa, a quem não cheguei a conhecer, morrera cega, vítima de diabetes. Dessa bisa, herdei meu nome, Rosana. Mas um nome, para ser da gente de fato, precisa ser conquistado. A herança é um trabalho e uma escolha, como nos aponta Derrida (1994). Exige ação, esforço, compromisso, vínculo. Do contrário, o legado torna-se arquivo morto, recebido passivamente. Para que esteja vivo, presente ao sujeito que herda, o legado tem que ser possuído como ato de vontade. Havia escolhido herdar o meu nome e fui atrás do seu rastro até a porta do IBC.

Assim cheguei ao "Jardim de Infância" do Instituto com o desejo de ler e contar histórias para as crianças. De pronto, me dei conta de que a cegueira era um termo abrangente demais e que escondia uma diversidade de situações bastante particulares. Havia ali crianças portadoras de deficiência visual congênita; crianças que ficaram cegas durante a infância por câncer ou por outras patologias; crianças com baixa visão, que ainda possuíam algum resíduo visual; crianças cuja deficiência visual era apenas um componente de síndromes mais complexas como o autismo; crianças com dificuldades motoras e de equilíbrio; crianças sem fala articulada. Em comum, a experiência inicial da escolarização, que as arrancava do ambiente familiar caseiro para um mundo inteiramente novo. Em certa medida, estávamos todos, cada um à sua maneira, tateando no escuro.

Mas havia objetos concretos em que nos apoiarmos: livros. Em uma salinha da escola, com o auxílio da coordenação e dos professores, organizei uma pequena biblioteca infantil, com livros "em tinta" e em Braille. Com as histórias, pretendia encorajar experiências vivas de linguagem, que estimulassem as crianças a aderir às palavras, a desejar reter os sons, repeti-los em voz alta, deslocá-los, deformá-los, arriscando enunciações próprias que as levassem para mais longe e as liberassem da camisa-de-força da linguagem cotidiana, normativa, repleta de freios e retrancas. De fato, a criança com deficiência visual tende a escutar "nãos" em demasia. No impulso de protegê-las, os adultos lançam mão de uma linguagem cautelar, que freia as expansões infantis, tão necessárias à exploração do mundo. "Cuidado com a porta!" "Atenção para não esbarrar!" "Não vá por aí!" Sem desprezar o papel fundamental da linguagem na orientação espacial da criança portadora de deficiência visual e na prevenção de topadas e de acidentes, o trabalho que me dispunha a realizar caminhava na contramão da segurança. Repetindo o *insight* do romancista Roger Vailland, a história começa quando a palavra não serve mais para mandar.³

Olho e ouvido

O olhar é a primeira linguagem social. A percepção visual é a principal fonte de acesso às informações que nos servem para construir representações do mundo e de nós mesmos, povoando o pensamento de imagens mentais que auxiliam na estruturação de nossos vínculos com o mundo exterior. Pelo contato ocular, percebemos o entorno, distinguimos objetos, espaços, pessoas e organizamos os estímulos, integrando-os subjetivamente. A visão sintetiza nossas experiências e atua como mediadora de outras impressões sensoriais. Nenhum outro sentido age de forma tão veloz quanto a visão, fornecendo ao indivíduo os dados necessários para reconhecer o ambiente, formar dele uma imagem globalizada para daí planejar sua inserção e caminhar pelo mundo.

Do ponto de vista do desenvolvimento infantil, a perda do sentido da visão supõe dificuldades de percepção globalizada e de síntese na organização da experiência e na consolidação

---

3. Jaqueline Held destaca esta passagem da obra de Roger Vailland, *Le Regard Froid*: "Quando a linguagem não serve mais para dar ordens ou para descrever, a cor para camuflar, a casa para morar, a planta para alimentar, então começa o poema, a pintura, o palácio, o parque." (Vailland *apud* Held, 1980, p. 204).

de imagens mentais. Se a criança não vê os objetos que a rodeiam, não tenta alcançá-los e explorá-los para construir uma imagem permanente deles, distinguindo-os de outros objetos e atribuindo-lhes nomes diferenciados. A noção de permanência do objeto, ou seja, a ideia de que algo continua a existir mesmo longe da percepção imediata, é muito complexa para a criança com deficiência visual. Como ela não se apoia na visão para obter informações sobre o destino dos objetos em uma sala, por exemplo, ela só se dará conta de que algo ainda está no ambiente quando ouvi-lo, tocá-lo ou quando usar a linguagem para perguntar sobre o objeto e conseguir as respostas que lhe permitirão situá-lo no espaço.

A aquisição da linguagem está também intimamente conectada à percepção visual. Pela visão, o bebê é incitado a produzir vocalizações e manifestar seus desejos, suas insatisfações, seus encantamentos. O sorriso de reconhecimento do bebê para a mãe é uma iniciativa de contato humano poderosa. Na criança portadora de deficiência visual, a ausência deste contato primeiro pode produzir na mãe a mensagem negativa de que seu bebê não se interessa por ela. É natural que um bebê cego, ao ouvir a voz da mãe, vire a cabeça de lado para posicionar seu ouvido na direção do som. Esta virada de cabeça pode ser interpretada como rejeição e dificultar o estabelecimento de vínculos afetivos entre mãe e bebê. É necessário, pois, ressignificar as relações entre o corpo, a linguagem e as percepções sensoriais como o tato, a audição, o olfato e o paladar para potencializar formas vigorosas de vinculação da criança portadora de deficiência visual com o mundo.

Uma experiência sensorial diversificada e rica é imprescindível para o desenvolvimento da linguagem na criança com deficiência visual. Enquanto a pessoa vidente enriquece seu vocabulário e aperfeiçoa seu desempenho linguístico, sobretudo em função da variedade daquilo que vê, discrimina e nomeia, a criança portadora de deficiência visual se conecta com o que está fora dela primordialmente através do som. Move-se em direção à fonte sonora para alcançar o brinquedo que produz barulho, balançando-o para lá e para cá para repetir o som que lhe agrada. Esse brinquedo e esse gesto ganham nomes e a criança passa aos poucos a reconhecer e a associar certos sons a situações específicas. Quanto mais amplo o espectro sonoro ao redor da criança com deficiência visual, mais significados potenciais ela poderá obter das variações que escuta, ativando assim um sistema discriminatório a partir do ouvido que lhe será de grande valia na nomeação do mundo. Sensações auditivas vão estimulando jogos vocais e colaborando no processo de aquisição da linguagem. No início, há uma grande desorientação da criança portadora de deficiência visual em meio à confusão de sons. É comum que as crianças se tornem hipersensíveis aos sons, levando as mãos aos ouvidos para bloquear o alarido. É importante auxiliá-la a reconhecer e a selecionar certos sons em detrimento a outros, formando blocos sonoros significativos e eliminando a fonte de confusão, para que ela deseje se conectar com o que está fora dela sem tanto temor. Internalizar sentimentos de prazer, associados aos sons de objetos, à voz humana, aos instrumentos musicais, às canções é fundamental para que a criança deseje participar desse complexo sonoro que a circunda, empenhando a própria voz no concerto do mundo. Abrir os livros, para romper o isolamento que ensimesma a criança em seu universo particular e usar a estimulação verbal como chamamento para a vida de relação.

O que é que tem aqui dentro?

– Pão bolorento!
– O que é que tem aqui fora?
– Moda de viola!
– O que é que tem no chão?
– Um caminhão!
– O que é que tem no teto?
– Um inseto!
– O que é que tem na janela?
– Uma flor amarela!
– O que é que eu vou contar agora?
– Uma história![4]

Essa é uma das brincadeiras vocais que pratico com as crianças da Educação Infantil do IBC, para "esquentá-las" para a leitura do livro. Pulo para o meio do círculo de crianças e chacoalho o pandeiro que tenho nas mãos, fazendo a primeira pergunta do jogo: "O que é que tem aqui dentro?" No início, eu mesma respondo, repetindo em seguida o gesto de pular no círculo, bater o pandeiro e refazer a pergunta. Às vezes, uma ou outra criança responde "pão bolorento". Mas como essa não é uma expressão familiar para a maioria delas, muitas vezes sobrevém o silêncio. Sigo em frente, pulando para fora do círculo, batendo o pandeiro e fazendo a segunda pergunta: "O que é que tem aqui fora?" e por aí vai. Aos poucos, as crianças vão percebendo certo pa-

---

4. Sou grata a Norah de Abreu, professora de artes dos meus filhos quando pequenos, com quem aprendi essas rimas.

drão sonoro e "pescam" a brincadeira, respondendo aos desafios com as respostas previstas. Quando percebem que a língua emite sons regulares, passíveis de antecipação, as crianças se animam a produzi-los elas mesmas, para confirmar, confiantes, que aquela palavra imaginada mentalmente funciona também "em voz alta", num casamento sonoro que os adultos chamam de rima. A partir de então, é hora de sair da zona de segurança para arriscar novas combinações sonoras e experimentar a linguagem em sua dimensão plástica e maleável. "O que é que tem na janela?" "Uma flor amarela!" "Um coelho banguela!" "Um feijão na panela!" As várias sugestões ampliam o repertório sonoro das crianças e estimulam sua atuação independente, encorajando-as a inventar por conta própria outras expressões rimadas. O erro também é muito divertido e contribui para o processo de discriminação sonora, à medida que oferece à criança uma oportunidade de "corrigir" o som que não combina, desenvolvendo progressivamente a consciência da língua como sistema de signos opositivos. "O que é que tem no chão?" "Uma minhoca!" As crianças se comprazem em errar propositalmente, produzindo ruídos sonoros que intensificam o gosto da língua, na sua faceta de *nonsense*, desobrigada da comunicação racional e eficiente. Domina-se o código para se adquirir mais lances de jogo e expandir assim as possibilidades de trapaça, como escreveu certa vez Barthes.[5]

---

5. Destaco a célebre passagem da *Aula*, de Barthes: "Mas a nós, que não somos nem cavaleiros da fé, nem super-homens, só resta, por assim dizer, trapacear com a língua, trapacear a língua. Essa trapaça salutar, essa esquiva, esse logro magnífico que permite ouvir a língua fora do poder, no esplendor de uma revolução permanente da linguagem, eu a chamo quanto a mim: literatura" (R. Barthes, *Aula*, tradução e posfácio de Leila Perrone-Moisés, São Paulo: Cultrix, 1980, p.16).

O prazer que se retira desses jogos vocais tem a ver com a recuperação das dimensões sensoriais da linguagem. O que está em xeque não é a decodificação do significado daquilo que se diz em voz alta. Trata-se menos de buscar um sentido para as palavras do que de senti-las, saboreá-las. O pesquisador alemão Hans Ulrich Gumbrecht escreveu extensamente sobre o que denominou como "produção de presença" (em oposição à produção de sentido), expressão que se refere aos efeitos sensíveis e materiais da literatura e das artes sobre o leitor/espectador. Na perspectiva de Gumbrecht, a linguagem estética é um acontecimento concreto e essa dimensão material da arte teria precedência sobre sua dimensão inteligível. Quando um texto é lido em voz alta, algo acontece no próprio ato de vocalização: a língua é posta em movimento pelo suporte da voz. Essa mudança de canal, ou seja, a transferência da página para a voz impacta fortemente na maneira de receber e fruir este material. Ler um texto silenciosamente, em solidão, virando as páginas com as mãos e ouvi-lo em voz alta, na companhia de muitas crianças, sem o suporte do papel, através da propagação de ondas sonoras no ar são experiências de leitura radicalmente distintas. Gumbrecht argumenta que o sentido é necessariamente determinado pelo suporte material que o sustenta e não tanto pelo sujeito hermenêutico, doador de significados ao que lê. Propõe um deslocamento radical do sujeito cartesiano, senhor da razão, para sondar a produção de outros saberes, que derivam da presença material das coisas no mundo. Apoia-se nas pesquisas do biólogo Humberto Maturana, famoso pelo conceito de "acoplagem", termo que descreve a interação íntima entre sujeito e suporte. No campo das artes visuais, por exemplo, o sentido de um quadro não estaria determinado de forma abstrata pelas concepções do pintor transferidas para a tela. O sentido se confunde com a própria tela, com as tintas, com os movimentos da mão do pintor sobre a superfície do quadro. Em outras palavras, o sentido está no próprio acontecer da pintura, no ato mesmo de pintar. A interação e o atrito entre esses dois sistemas – os suportes materiais que compõem o quadro e a ação do pintor sobre a tela – geram um ritmo particular que interfere na produção de sentidos. Em poucas palavras, os meios produzem os significados.

Essa proposição audaz, articulada e aprofundada na obra de Gumbrecht,[6] abre um campo de pesquisa bastante fértil para pensar a leitura em voz alta com pessoas portadoras de deficiência visual, sobretudo no universo infantil – local de uma experiência não representacional da linguagem, em que os nomes ainda não se tornaram etiquetas arbitrárias e desencarnadas, mas permanecem misturados às coisas do mundo, agarrados aos objetos ao redor. A palavra maçã, quando lida em voz alta na história da Branca de Neve, torna-se uma experiência muito mais vibrante e significativa para as crianças, se a fruta comparece ao relato e circula de mão em mão, para ser apalpada, cheirada, mordida, mastigada, deglutida. O mundo verbal e o mundo material formam uma aliança potente, através da qual a criança portadora de deficiência visual experimenta o cheiro, o gosto e

---

6. Das obras de Gumbrecht, ver em especial *Corpo e Forma* (1998), *O Campo não-hermenêutico ou a Materialidade da Comunicação* (1993) e *Produção de presença: o que o sentido não consegue transmitir* (2010). Para uma apresentação sucinta das ideias de Gumbrecht ver a resenha de Erick Felinto, "'Materialidades da comunicação': Por um novo lugar da matéria na teoria da comunicação", Ciberlegenda, número 5, 2001. Disponível em: http://www.uff.br/mestcii/felinto1.htm.

a forma da palavra maçã, oferecendo o seu próprio corpo como lugar desse acontecimento sensorial. Porque a criança ainda não fechou os limites do próprio corpo, ela se entrega à exterioridade de maneira desabrida, explorando um estado de vizinhança e indefinição entre si mesma e as coisas/palavras que toca. Ela explora momentos de instabilidade na língua com o seu falar hesitante, deslocando fonemas para lá e para cá e compondo estranhas gramáticas, feitas de repetições e ressonâncias, que não possuem necessariamente uma utilidade prática, não servem para informar ou instruir. São jogos sonoros que interrompem formas cristalizadas de dizer e que levam a língua a um estado produtivo de desequilíbrio, em que os sons deslizam em queda livre, produzindo sonoridades imprevistas, reinaugurando a língua a cada vez que a criança "erra" a forma "correta" de dizer e inventa novas expressões e ruídos.[7]

Quando leio e compartilho um texto em voz alta com as crianças do IBC, a língua fica exposta a esses momentos de imprevisibilidade e interação entre todos os que se animam a empenhar a voz e o corpo para repetir estribilhos, reagir afetivamente ao lido, propor novas direções ao enredo, bater palmas de agrado ou mesmo fechar os olhos e adormecer. Nada é garantido na cena da leitura em voz alta. Não há sequer a certeza de que o texto será lido até o fim. Muitas vezes, a história acontece até certo ponto e depois já não é mais possível continuar, seja por desinteresse e dispersão das crianças, seja porque a excitação é tão grande, que impede o avanço linear das palavras no tempo. Ficamos como "congelados" numa certa cena, em modo repeti-

---

7. Retomo aqui livremente proposições de Deleuze em "Gaguejou", *Crítica e clínica*, tradução Peter Pál Pelbart. São Paulo: Ed. 34, 1997, p.122-129.

tivo, proporcionando a nós mesmos o prazer renovado de dizer e redizer o que nos provocou graça, susto ou fascinação. Perdi a conta de quantas vezes "morri" com as crianças ao engolir a maçã envenenada, repetindo *ad infinitum* o gesto barulhento de desabarmos o corpo no chão, após um acesso de tosses ruidosas, para depois nos reerguemos novamente com um beijo bem estalado na bochecha de cada um. Morremos e revivemos conjuntamente pela força de impregnação das palavras. Seu poder de afeto e de afetar é tão maior na infância quanto mais a língua se abre à oralidade. Segundo o educador espanhol Jorge Larrosa:

> A voz não só nos dá o tom passional ou afetivo do pensamento, o que daria sua relação com o sentir, com os padecimentos ou afetos da alma, mas também seu tempo, seu ritmo, e um ritmo que seria ademais polirrítmico como polirrítimica é a vida e tudo que lhe pertence, e assim, enquanto na palavra escrita o encadeamento das palavras, sua continuidade, faz-se por meio da lógica ou do conceito, ou do argumento, na palavra oral a conexão se faz por ressonâncias, por variações melódicas ou por alterações rítmicas.[8]

Assim, ao abrir o livro e entoar a história, qualquer variação mínima na voz trai o meu cansaço, ou a gripe que está por vir, ou ainda a felicidade clandestina por um acontecimento de foro íntimo, que vaza sem o meu controle pela respiração. Muitas vezes, antes mesmo de chegar à sala de aula, o barulho dos meus sapatos já anuncia a minha presença, batendo num ritmo que as

---

8. J. Larrosa *apud* L. M. Silva, "Subjetividades mediadas: as relações entre leitores cegos e ledores". XVIII Encontro de Pesquisa Educacional do Norte e Nordeste, 2007, v. 1, p. 8.

crianças percebem nos pormenores, identificando se eu estou calçando tênis, havaianas ou tamancos. Quando atravesso os corredores em passo rápido, cumprimentando as crianças com a voz afobada, elas são as primeiras a reconhecer e a repreender o meu atraso. Com elas, aprendo histórias invisíveis, aquelas que não se podem escrever, que não se fixam com a letra na página, porque são conjuradas pelos elementos inconstantes da voz, como o ritmo, o sotaque, o timbre, a melodia, os sussurros, as exasperações, as gargalhadas...Tal qual nuvens informes de vapor, as histórias invisíveis formam paisagens voláteis, ao sabor das múltiplas vozes que as encorpam. Por tudo isso, ler com as crianças portadoras de deficiência visual tem sido uma experiência tão vigorosa quanto desorientadora. A única certeza do trajeto é ter comigo as melhores companhias.

REFERÊNCIAS BIBLIOGRÁFICAS

Barthes, Roland. *Aula*. Tradução e posfácio de Leila Perrone-Moisés. São Paulo: Cultrix, 1980.
Deleuze, Gilles. "Gaguejou". *Crítica e clínica*. Tradução Peter Pál Pelbart. São Paulo: Ed. 34, 1997, p.122-129.
Felinto, Erick. "Materialidades da comunicação: Por um novo lugar da matéria na teoria da comunicação", *Ciberlegenda*, número 5, 2001. Disponível em http://www.uff.br/mestcii/felinto1.htm.
Gumbrecht, Hans Ulrich. *Corpo e Forma: ensaios para uma crítica não hermenêutica*. Tradução de Heloisa Toller Gomes, João Cezar de Castro Rocha e Johannes Kretschmer, Rio de Janeiro: UERJ, 1998.

_____. *O campo não-hermenêutico ou a materialidade da comunicação*. Rio de Janeiro: UERJ, Cadernos do Mestrado, n. 5, 1993.

_____. *Produção de presença: o que o sentido não consegue transmitir*. Tradução Ana Isabel Soaes. Rio de Janeiro: Contraponto e Editora PUC-Rio, 2010.

Held, Jaqueline. *O imaginário no poder: as crianças e a literatura fantástica*. Tradução de Carlos Rizzi. São Paulo: Summus, 1980.

Larrosa, Jorge. *Linguagem e educação depois de Babel*. Tradução de Cynthia Farina. Belo Horizonte: Autêntica, 2004.

Manguel, Alberto. *Uma história da leitura*. Tradução de Pedro Maia Soares. São Paulo: Companhia das Letras, 1997.

Silva, Luciene Maria. "Subjetividades mediadas: as relações entre leitores cegos e ledores". XVIII Encontro de Pesquisa Educacional do Norte e Nordeste, 2007, v. 1. Disponível em http://www.alb.com.br/anais16/sem09pdf/sm09ss03_07.pdf.

Riso exterminador

> E que seja tida por nós como falsa toda a verdade
> que não acolheu nenhuma gargalhada.
> Friedrich Nietzsche, Humano por demais Humano

Há séculos circula na tradição oral brasileira um verdadeiro *serial killer* infantil. Trata-se de uma parlenda de violenta força cômica, que relata de maneira frontal e sem rodeios a morte em série de crianças, assoladas por um fluxo destruidor, maligno e implacável. O desparecimento súbito e gratuito das nove irmãs que moravam juntas na mesma casa produz um riso escandaloso e perturbador, que sacode noções de bom-mocismo e incita protocolos de leituras em tudo avessos ao politicamente correto. A aliança cúmplice entre infância-morte-linguagem-humor assume nessa parlenda uma radicalidade extrema, que merece ser investigada, seja pela indiferença jocosa com que a cantiga enfrenta um tema sério, tradicionalmente associado ao *pathos* trágico da indignação ou da compaixão, seja por encarar o desafio de contar a morte da infância às próprias crianças, um público historicamente tutelado e protegido de assuntos considerados tabus.

Vamos à história, conhecida como "Tangolomango". Está registrada em inúmeras versões em antologias do folclore brasileiro e, também, gravada sob a forma de cantiga, em ritmo alegre e expressivo como o do lundu africano, em vários CDs infantis. Transcrevo aqui a versão registrada por Silvio Romero e Câmara Cascudo:

Tangolomango

Eram nove irmãs numa casa, uma foi fazer biscoito.
Deu tangolomango nela e das nove ficaram oito.

Eram oito irmãs numa casa, uma foi amolar canivete.
Deu tangolomango nela e das oito ficaram sete.

Eram sete irmãs numa casa, uma foi falar inglês.
Deu tangolomango nela e das sete ficaram seis.

Eram seis irmãs numa casa, uma foi caçar um pinto.
Deu tangolomango nela e das seis ficaram cinco.

Eram cinco irmãs numa casa, uma foi fazer teatro.
Deu tangolomango nela e das cinco ficaram quatro.

Eram quatro irmãs numa casa, uma foi falar francês.
Deu tangolomango nela e das quatro ficaram três.

Eram três irmãs numa casa, uma foi andar nas ruas.
Deu tangolomango nela e das três ficaram duas.

Eram duas irmãs numa casa, uma foi fazer coisa alguma.
Deu tangolomango nela e das duas ficou só uma.

Era uma irmã numa casa, e ela foi fazer feijão.
Deu tangolomango nela e acabou a geração.

De acordo com Novo Dicionário Banto do Brasil, editado por Nei Lopes, a palavra "tangolomango" deriva de uma miríade de línguas africanas: Quimbundo, Quicongo e Umbundo, designadas de modo genérico pela língua Banto.[1] É provável que a palavra *tangu* tenha origem Quimbundu e, assim como a palavra espanhola *tango*, refere-se a uma dança, marcada ritmicamente por sons percussivos. Por sua vez, acredita-se que a palavra *mangu* provenha da língua Quicongo e designe algo "maravilhoso", "algo surpreendente e incompreensível", "uma visão". Quando duplicada, como em "*mangu-mangu*", ganha o sentido de "vertigem". Além disso, a palavra *tangulo* significa "cólera" e "raiva". Combinando-se todas as acepções, chega-se à ideia de doença ou mal-estar súbitos, geralmente resultantes de feitiço, mau-olhado ou exorcismo, fazendo tombar a vítima no chão. Embora não tenhamos encontrado pesquisas que vinculem de forma peremptória o "Tangolomango" a um evento histórico em particular, ao modo de outras cantigas populares como a conhecida "*Ring-a-ring o´ roses*" de tradição inglesa, comumente associada à pandemia da peste negra no século XIV,[2] especula-se

---

1. N. Lopes (Ed.), *Novo Dicionário Banto do Brasil*, Rio de Janeiro: Ed. Pallas, 2003, p.18-19.
2. Sobre conexão da famosa cantiga inglesa *Ring-a-ring o´ roses* com a irrupção da peste negra, a tese corrente é a de que cada verso da canção corresponderia a um dos sintomas da doença, apresentados em ordem progressiva. Assim, ao círculo de feridas vermelhas em torno da boca da vítima (*ring-a-ring-a-rosie*), sucederiam os esforços para espantar, com flores, o mau-cheiro das erupções de pele (*a pockett full of posies*), provocando na vítima um acesso de espirros (*Atch chew! Atch chew!*) até a sua morte (*we all fall down*). Em algumas

que a palavra "*tangulu*" – cólera – possa estar relacionada ao surto desta doença no Brasil no século XIX, chegando ao país após ter se espalhado pela Europa e África. Outra interpretação conecta o "Tangolomango" à palavra "Tango-mau", designação do indivíduo que foge e morre, longe de sua terra natal.[3] "Tango-mau" comparece ainda em diversos documentos do século XVII como denominação de traficantes de escravos da África para o Brasil.[4] Seria o Tangolomango a personificação maligna de um traficante de escravos à época da empresa colonial?

Qualquer que seja a origem do Tangolomango, a cantiga carrega uma dimensão aterradora, que expõe os ouvintes ao enfrentamento da morte iminente a cada novo verso. Conforme nos relata o minucioso estudo do pesquisador Guilherme dos Santos Neves,[5] em que apoio minha reflexão, essa cantiga sobreviveu, ao longo de vários séculos, na forma de um folguedo infantil, convidando as crianças a um encontro ritualizado com a fatalidade. Entoado como brincadeira de roda, a cada volta, uma criança deve ser eliminada e expulsa do jogo, até que não

---

versões, a onomatopeia associada aos espirros é substituída por referência à queima de casas e de corpos contaminados pela peste (*Ashes! Ashes!*). Os folcloristas Iona e Peter Opie contestam, contudo, a tese de que a cantiga de roda infantil faz referência à peste negra, pelo simples fato de que tal conexão somente aparecerá na literatura após o advento da Segunda Guerra Mundial, portanto muito tempo depois do evento ocorrido no século XIV. Peter e Iona Opie, *The Singing Game* (1985, p. 221-222).
3. L. C. Cascudo, *Folclore no Brasil*, São Paulo: Martins Fontes, 1944, p.854-855.
4. *Ibidem*.
5. G. S. Neves, "Coletânea de Estudos e registros do folclore capixaba: 1944-1982 – variações sobre o Tangolomango". Neves reúne uma fortuna crítica preciosa sobre a parlenda, que visitarei seletivamente ao longo do presente texto. O estudo de Neves encontra-se disponível em: http://www.estacaocapixaba.com.br/folclore/coletanea/coletanea_32_variacoes_tangolomango.htm

sobre ninguém para continuar a cantoria. Conseguimos visualizar a forma do jogo na descrição que dele faz o escritor brasileiro Lima Barreto no romance *Triste fim de Policarpo Quaresma*. A certa altura, o protagonista arranja "dez crianças, uma máscara de velho, uma roupa estrambólica":

> Quaresma fez o Tangolomango, isto é, vestiu uma velha sobrecasaca de general, pôs uma imensa máscara de velho, agarrou-se a um bordão curvo, em forma de báculo, e entrou na sala. As dez crianças cantaram em coro: Uma mãe que teve dez filhos/Todos dentro de um pote/Deu tangolomango nele/Não ficaram senão nove [...] Por aí o major avançava, batia com o báculo no assoalho, fazia Hu! Hu! Hu!; as crianças fugiam, afinal ele agarrava uma e levava para dentro. Assim ia executando com grande alegria da sala, quando, pela quinta estrofe, lhe faltou o ar, ficou a vista escura e caiu".[6]

A encenação da morte incontornável torna-se experiência encarnada, vivida ritmicamente com o corpo, que comparece e desaparece da roda, em repetições sistemáticas, convertendo o evento derradeiro em algo previsível. Há uma mescla inusitada aqui entre o insólito e o familiar, já que a morte surpreende a criança a cada vez de maneira diferente, porém inevitável. A morte é sempre certeira, como certeiras são as rimas de cada dupla de versos da cantiga, que a criança assume, espera e quiçá até deseja, para ver confirmadas as suas previsões de enredo e assim ganhar certa segurança necessária para embarcar no ritual cômico-macabro. Se não se pode interromper o curso fatal da

---

6. L. Barreto 2001: 75, *apud* G. S. Neves, p 7.

morte, que ao menos a criança possa se aferrar na certeza de que ela virá, tirando proveito desse conhecimento pressentido e ratificado, verso a verso, rima a rima. Desta feita, a morte se apresenta como inexorável, um evento tão certo e indisputável, como a contagem matemática decrescente de nove até zero. Ao fim e ao cabo, morrer não seria uma lição assim tão difícil.

Efeito semelhante ocorre com as cantigas de ninar e seu conteúdo ameaçador, como em "Dorme filhinho, dorme meu amor, que a faca que corta dá talho sem dor." A incompatibilidade entre o vocativo carinhoso, expresso docemente pelo dimunitivo em "inho", e a violência brusca da faca é minimizada pelo padrão melódico e ritmico que a tudo envelopa numa sonoridade agradável, ajudando a embalar o sono do bebê. Em "Tangolomango," a dimensão do significante é também realçada em detrimento da significação. O que precipita a morte das irmãs é uma conexão absolutamente arbirária, em termos semânticos, entre a atividade a que se dedica cada uma das irmãs e o número decrescente da vez. Falar francês não mata ninguém, mas em se tratando da irmã de número quatro, o aprendizado da língua estrangeira é incontornável sentença de morte, por força exclusiva da rima, que solicita o número três e o consequente apagamento do quatro. Em última instância, é o som que sacrifica a menina.

Esse curto-circuito instantâneo que faz colidir termos discrepantes – caçar um pinto e o número cinco – nos força a dispensar a lógica dos sentidos e das correspondências univocas entre as palavras e as coisas, para ativar novos relacionamentos pautados por afinidades acústicas. É interessante atrelar a irrupção da morte, na figura do Tangolomango, a esta cena de linguagem disparatada, em que o fortuito e o *nonsense* tomam o primeiro plano. Como se a morte fosse conjurada em linguagem por força da extenuação do sentido. Algo desaparece na cantiga, e não se trata apenas das crianças exterminadas. Também o sentido se esvai para deixar falar um *nada*, que sobrevém toda a vez que a linguagem não se oferece ao consumo intelectual, mas encoraja a fruição frívola.

Tangolomango produz uma série de pequenas calamidades na língua, na medida em que rompe com os processos de cristalização semântica que engessam conceitualmente as palavras, separando-as umas das outras. Na parlenda, palavras pertencentes a dois circuitos semânticos distantes e reciprocamente estranhos são forçadas a uma convivência inesperada, que desloca os termos abruptamente, fazendo surgir entre eles novas trajetórias e rotas de colisão. Desta forma, *canivete* e *sete* assumem um parentesco mortal, justamente porque a força de atração que une as duas palavras não opera por critérios representacionais estabelecidos, que deixariam intactas as respectivas identidades de sentido. O par *canivete-sete* é resultado de uma ação catastrófica na língua, que destrói formas fixas de dizer e propõe novos arranjos verbais. Os termos passam a se conectar, não por traços que lhes são notoriamente comuns, mas pela própria perda do elemento comum.

Dito de outra forma, uma potência cômica parece se desprender do encontro entre *canivete* e *sete* porque o sentido de cada palavra está desatrelado de uma relação automática com a ideia da coisa representada. Quando lemos a palavra canivete isoladamente, a imagem visual de um instrumento cortante se impõe, mas a proximidade com o número sete parece acionar uma disjunção violenta entre a palavra e a coisa em favor do realce da extremidade acústica do vocábulo. As palavras aqui não significam propriamente as coisas que estamos habituados a conjurar mecanicamente toda vez que as empregamos. As palavras brincam entre si num espaço que Foucault chamaria de *atópico*, pela impossibilidade de se imaginar um lugar viável em que esse encontro entre os termos díspares pudesse acontecer: o que seria este *lá* onde a linguagem já não consegue mais manter a ligação entre as palavras e as coisas?

Tal pergunta conduz todo o prefácio de *As Palavras e as Coisas*, texto de 1966, que abre exatamente com uma reflexão de Foucault sobre o riso provocado pela leitura de um texto de Jorge Luis Borges, em que se apresenta "uma certa enciclopédia chinesa", contendo descrições de animais subdivididos em uma série alfabética que vai enumerando um a um toda a sorte de bichos bizarros:[7]

>   a) os animais pertencentes ao imperador,
>   b) embalsamados,
>   c) domesticados,
>   d) leitões,
>   e) sereias...
>   n) os que de longe parecem moscas etc.[8]

A monstruosidade dessa taxionomia, como a qualifica Foucault, estaria no fato de que o próprio lugar de convívio entre os animais listados se acha arruinado. O que é impossível de pensar, nas palavras do autor, não é propriamente a vizinhança

---

7. Minha leitura do prefácio de Foucault em *As palavras e as coisas* parte de algumas sugestões indicadas no livro de Verena Alberti, *O riso e o risível*, 2001.
8. Borges apud M. Foucault, *As palavras e as coisas*, São Paulo: Martins Fontes, 1987.

de animais tão díspares, mas o próprio local em que eles poderiam vir a se avizinhar. Segundo Foucault: "os animais i) Que se agitam como loucos, j) inúmeros, k) desenhados com um pincel muito fino de pelo de camelo – onde poderiam eles jamais encontrar-se, salvo na voz imaterial que pronuncia a sua enumeração?" A ideia de subtração do local onde o encontro das criaturas enumeradas poderia acontecer equivale à destruição de uma gramática ou sintaxe que pudesse articular de maneira coerente os termos da enumeração. Nada liga de fato um animal a outro, exceto a série alfabética que simula estabelecer um fio condutor entre os termos, mas que na verdade apenas encoberta a desaparição radical de um lugar comum de habitação para os materiais incongruentes. Desse gesto de subtração do solo comum que abrigasse os termos desconjuntados, sobrévem o encontro radical com a série alfabética em si, com o próprio sistema classificatório enquanto dispositivo discursivo com seus modos arbitrários de ordenar e categorizar. Esse encontro com uma espécie de marco zero da experiência da ordem em sua aparição inaugural permite a Foucault formular a sua arqueologia do saber, ou seja, estudar o campo epistemológico e as condições de possibilidade da própria linguagem e do conhecimento, a partir de uma investigação das formas pelas quais se estabeleceu a ordem das palavras encadeadas e de seu valor representativo.

De maneira análoga, podemos pensar que "Tangolomango" promove uma experiência abrupta e bruta com a língua, na sua dimensão inaugural, fazendo vibrar uma sonoridade primitiva e onomatopaica, desvinculada da função de comunicar sentidos. A força demolidora desta experiência linguística feita de sons que trombam ludicamente provoca o riso não apenas pelo aspecto inusitado das rimas, que abrem um clarão nas formas correntes de encadear palavras, fazendo irromper o acaso, mas também pela escala numérica descendente que estrutura a parlenda. De fato, a equiparação (ultrajante?) da morte a uma simples operação matemática, extirpada de qualquer conotação transcendente, é fonte de um riso incômodo, posto que contraria a correspondência esperada entre tema (grave) e resposta afetiva (consternação, lamento). Elizabeth Sewell, em seu estudo sobre o *nonsense*, argumenta que só podemos sentir graça de assunto tabu como a morte, quando nos distanciamos emocionalmente do relato, quando praticamos uma certa indiferença diante da cena temida. Impolidez, impertinência e mesmo certo grau de hostilidade são as atitudes requisitadas para a fruição do humor violento que irrompe do *nonsense*, segundo a autora.[9] Dito de outra forma, para rir da morte seria preciso se "desumanizar", no sentido de se desembaraçar de um conjunto de pressupostos instituídos sobre o "humano", como condição inerentemente empática e benevolente.

A propósito, cabe lembrar que o riso é uma afecção desde há muito associada à visão da queda – física e moral. Aristóteles, no capítulo cinco da *Poética*, vincula o cômico à representação de ações torpes, conduzidas por homens inferiores (pessoas comuns na pólis grega, que não integravam as castas mais altas). Interessa-nos, com o Tangolomango, explorar argumentos que ressignifiquem positivamente a cadeia aristotélica de conexões entre o cômico e o baixo. Para tanto, buscaremos vincular o riso aos movimentos descentes em direção à infância, imaginada

---

9. "[...] *emotional detachment is a pre-requisite for the appreciation of violent humor* [...] *unfriendliness and incivility are the prevalent manners.*" E. Sewell (1987), p.194.

como *locus* de arrebentação da linguagem, de produção de deformações de sons e sentidos, que de tão familiares à experimentação da criança, deixam de ser para ela marca de assombro ou ameaça, gerando, ao contrário, um riso impassível diante das situações-limite a que se entrega.

Do riso exterminador

É interessante notar que "Tangolomango", com sua escala descendente de nove a zero, remete a certas fórmulas regressivas presentes em orações curativas, que buscavam exorcizar o mal, como aponta João Ribeiro, um importante estudioso da parlenda no Brasil, que proferiu uma série de oito conferências sobre folclore na Biblioteca Nacional do Rio de Janeiro em 1913, posteriormente reunidas nos Anais da Biblioteca e em seguida em seu livro *O folclore*.[10] Numa destas conferências, intitulada "Sobre um tema da medicina popular", o pesquisador reconhece no "Tangolomango" os caracteres de um antigo ensalmo numerativo do século V, grafado pelo escritor latino Marcellus Burdigalensis em seu célebre tratado *De Medicamentus empirici* e registrado por Jacob Grimm no século XIX. Trata-se de uma fórmula de encantação aplicada como cura para a inflamação das amígdalas:

Novem glandulae sorores,
Octo glandulae sorores,

---

10. Cheguei ao trabalho de João Ribeiro através do já mencionado artigo de Guilherme Santos Neves.

Septem gladulae sorores,
Sex glandulae sorores,
Quinque glandulae sorores,
Três glandulae sorores,
Duae glandulae sorores,
Una glandula soror
Pater Noster! Ave Maria!

O poder curativo da reza estaria conectado à força dos números descendentes. Processos de inversão de números e letras, como bem mostram os estudos de Henri Hubert e Marcel Mauss,[11] adquirem virtudes sobrenaturais na história das religiões e são sistematicamente utilizados com o intuito de desfazer malefícios e doenças. Exorcismos eram realizados pela vocalização de certas frases que, pronunciadas de trás para frente, acreditava-se, expulsavam o mal do corpo e garantiam o bem-estar do indivíduo. Toda uma poética do avesso se manifesta nessas rezas antigas, incitando a um movimento de involução até o número zero, em direção ao estado de morte, a partir do qual, paradoxalmente, a vida pode recomeçar novamente "do zero".

É o que demonstra esta outra versão curiosa do "Tangolomango," em que a última irmã sobrevivente se casa e dá a luz a dez filhos, que formarão então um novo conjunto de irmãos, assassinados um por um, à medida em que a cantiga retoma seu curso fatal. A feição potencialmente interminável da história garante que a vida sempre se renove nos versos finais, com

---

11. M. Mauss; H. Hubert, *Magia e sacrifício na história das religiões*, 1946. Guilherme Santos Neves, em seu estudo do Tangolomango, também faz breve alusão ao trabalho de Mauss e Hubert (p.5).

a chegada da nova prole, que de novo padecerá e se regenerará, *ad eternum*, ou ao menos enquanto durar a cantilena. Ao pensar sobre a força vivificante da parlenda, o pesquisador Guilhermo Santos Neves se volta também para outros fenômenos da vida contemporânea que têm na contagem regressiva um mecanismo disparador. Diante da cena de lançamento de foguetes espaciais, por exemplo, ele se pergunta se, nos instantes de susto e apreensão que acompanham o ritual de decolagem, não estariam também depositados traços mnemônicos de processos ancestrais de magia e exorcismo, com suas práticas regressivas de desmoronamento. Zerar a vida, tal como a conhecemos no planeta Terra, para que rotas desconhecidas se abram, lançando o humano em direção a novos inícios?

A crença na potência criadora de percursos reversivos também interessou muito a Walter Benjamin, nas suas aproximações à infância como experiência política de reinvenção da vida e perturbação de suas formas já assentadas. No longo diálogo por cartas que manteve com Gershom Scholem durante o período do entre guerras – um tempo de urgências, propício às questões de vida e morte – Benjamin se debruça sobre a gênese do mundo, a partir dos ensinamentos da Cabala de Isaac Luria. Segundo o cabalista do século XVI, a criação do universo teria se iniciado com a contração de Deus. A palavra hebraica "*Tzimtzum*" (constrição) nomeia esse acontecimento decisivo, em que Deus se retrai para abrir um espaço vacante de criação, onde o mundo venha a acontecer. A partir desse princípio gerador, Benjamin imaginou que o mundo poderia ser melhor decifrado se lido ao revés, de volta ao começo. Daí talvez sua fascinação pelo idioma hebraico, cujos caracteres são escritos da esquerda para direita.[12] Não à toa, o elogio da mão canhota é também uma marca expressiva em sua obra: "Todos os golpes decisivos serão desferidos com a mão esquerda".[13] Eleger a canhota devém estratégia potente de *anamnese* de um passado infantil precocemente suprimido, em nome da construção do sujeito "capaz", de mão destra, senhor absoluto de sua escrita, de seu corpo e de sua língua, fincado exclusivamente no tempo presente, infenso às incapacidades e vacilações da infância, que julga inteiramente superadas, em atitude de prepotência diante da vida. Em vários fragmentos de *Infância em Berlim por volta de 1900*, Benjamin produz a sensação vertiginosa de uma língua que cai para trás e para baixo, em direção ao passado da infância e ao mundo sensorial dos que engatinham rente ao chão e firmam um parentesco potente com as coisas mortas, esquecidas atrás do vão das portas ou debaixo da franja dos tapetes. Tal movimento de queda até os minúsculos espaços frequentados pela infância configura "uma experiência preciosa", segundo Jeanne-Marie Gagnebin:

> Ela é signo sempre presente de que a humanidade não repousa somente sobre sua força e seu poder, mas também, de maneira mais secreta, mas tão essencial, sobre suas falhas e fraquezas, sobre es-

---

12. A propósito da relação de Benjamin com o idioma hebraico, ver Robert Alter. *Necessary Angels: Tradition and Modernity in Kafka, Benjamin, and Scholem*, 1991. Uma reflexão bastante extensa e aprofundada sobre a centralidade da concepção mágica da linguagem na obra de Benjamin, tributária dos primeiros românticos alemães de Iena, encontra-se no livro de Marcio Seligmann--Silva, *Ler o livro do mundo*, 1999.
13. W. Benjamin, "Mercadoria Chinesa", *Rua de Mão Única: Infância Berlinense: 1900*, edição e tradução de João Barreto, Belo Horizonte: Autêntica Editora, 2013, p.13.

se vazio que nossas palavras, tais como fios, num motivo de renda, não deveriam encobrir, mas, sim, muito mais, acolher e bordar.[14]

A infância benjaminiana se manifesta como figuração de algo que nunca nos teria abandonado de fato, que estaria de certa forma sempre ali, exposta ao rés do chão e disponível aos que não temem o tombo nem o rebaixamento.

Rir da queda, nesta dimensão radicalmente política, encaminha "o acordo de nossa alegria com um movimento que nos destrói", nas trilhas da *Experiência interior* de George Bataille. Rir assim se confunde com a própria experiência da morte, em que o corpo, em explosão convulsiva, assume a tarefa de expressar a dispensa do sentido, como nas gargalhadas descontroladas das crianças. Clément Rosset, na *Lógica do Pior*, chama esse riso de "exterminador", porque faz o sentido desaparecer de uma vez, espécie de aniquilação sem restos, "desaparição que nenhuma aparição compensa". Um riso que não interpreta ou busca justificativas para as razões da destruição, nem reinveste as significações que foram corroídas. Um riso que testemunha o escândalo que é simplesmente algo deixar de ser. Quando alguma coisa que estava lá, no momento seguinte já não está, diz Rosset, a incongruência do desaparecimento revela tarde demais o caráter insólito do aparecimento que o precedera, ou seja, o acaso de toda a existência.[15]

No "Tangolomango" alegre e vivaz, as crianças parecem partilhar algo desse riso exterminador, graças à sua disponibilidade

---

14. J-M. Gagnebin, "Infância e pensamento", in *Sete aulas sobre linguagem, memória e história*, Rio de Janeiro: Imago, 2005, p.180-181.
15. C. Rosset, *A lógica do pior*, Rio de Janeiro: Espaço e Tempo, 1989, p.21.

para jogar com a morte das palavras, destruindo a sua integridade por puro deleite e gana de vida, e graças também à sua disponibilidade ao "auto sacrifício" no gesto sempre renovado de cair no chão e abandonar a roda. A experiência da morte consentida torna-se então, paradoxalmente, afirmação da força vital da infância, que se mantém inabalável, diante da indiferença com que o Tangolomango arrasta as irmãs em seu curso mortal. Neste pouco caso das crianças face ao pior e em sua franca zombaria diante da fatalidade, as crianças não rejeitam a morte, mas a incorporam no curso da vida e da cantoria, como algo que simplesmente acontece ao final de cada estrofe. No Tangolomango, vida e morte deixam de ser antagonistas. São duas vizinhas que de repente se encostam pelo atração de uma rima. Esta é a verdade secreta e soprada pela cantiga há tantos séculos. Passa-se de um lado a outro num átimo de som. Abracadabra. Shazam. Pirlimpimpim. Tzimtzum. Tangolomango.

REFERÊNCIAS BIBLIOGRÁFICAS

Aristóteles. *Poética*. Lisboa: Imprensa Nacional/Casa da Moeda, 1990.
Alberti, Verena. *O riso e o risível na história do pensamento*. Rio de Janeiro: Jorge Zahar, 2ª Ed., 2002.
Barreto, Lima. *Triste Fim de Policarpo Quaresma*. São Paulo: Ateliê Editorial, 2001.
Benjamin, Walter. *Rua de Mão Única: Infância Berlinense*. Edição e Tradução de João Barrento. Belo Horizonte: Autêntica Editora, 2013.
Cascudo, Luis Câmara. *Folclore no Brasil*. São Paulo: Martins Fontes, 1944.

Foucault, Michel. *As palavras e as coisas*. São Paulo: Martins Fontes, 1987.

Gagnebin, Jeanne-Marie. "Infância e pensamento." In: *Sete aulas sobre linguagem, memória e história*. Rio de Janeiro: Imago, 167-181, 2005.

Neves, Guilherme Santos. "Coletânea de estudos e registros do folclore capixaba: 1944-1982". www.estacaocapixaba.com.br/folclore/coletanea.

Opie, Iona e Peter. *The Singing Game*. Oxford: Oxford University Press, 1985.

Romero, Silvio. *Cantos populares do Brasil*. Ed. Itatiaia, 1986.

Rosset, Clement. *A lógica do pior*. Rio de Janeiro : Espaço e Tempo, 1989.

Lopes, Nei (Ed.). *Novo Dicionário Banto do Brasil*. Rio de Janeiro: Ed. Pallas, 2003.

Palavras em queda livre

> uma palavra – bem sabes:
> um cadáver.
> Vamos lavá-lo,
> vamos penteá-lo,
> vamos voltar-lhe os olhos
> para o céu.
>
> Paul Celan

Esta pequena reflexão aproxima duas narrativas contemporâneas: *O diário da queda*, do escritor gaúcho Michel Laub e *Fora do Tempo*, do escritor israelense David Grossman. São obras de enredos muito dessemelhantes, mas têm em comum o fato de colocarem a língua em estado de queda. Ambas performatizam o gesto de cair. É o desempenho narrativo desses tombos, o modo singular como cada obra faz desabar as palavras, aquilo que tomo como ponto de contato inicial neste esforço comparativo. Num segundo movimento, busco também vincular essas "gramáticas do desequilíbrio"[1] à figura da infância nas obras, aproveitando algumas proposições do filósofo Gilles Deleuze, quando sugere que a literatura diz o que as crianças dizem

---

1. G. Deleuze, 2006, p.127

quando é capaz de colocar a língua num estado explosivo de «boom», tremendo de alto a baixo em modulações vertiginosas e sonoridades imprevistas, tal qual os balbucios infantis daqueles que ainda não dominam a língua articulada e ao invés de colocar a língua de pé, precipitam-se nela de modo cambaleante. As crianças são aquelas que falam como tropeçam, diz Deleuze, porque gaguejam sons indistintos que desencaminham a língua materna até o ponto em que soe como língua estrangeira. Neste ponto liminar, ele observa, não há outros personagens além das próprias palavras, criaturas dotadas de afetos, coloridos, timbres, entoações. A língua como um composto sonoro de potencial fônico ilimitado, um campo de livres associações, onde tudo está ainda por começar, onde nenhuma relação está dada, onde nenhuma palavra está obrigada a representar determinada coisa ou a produzir determinado sentido. Tal seria a experiência das crianças com a língua em sua dimensão inaugural.

Minha hipótese inicial é a de que ambas as narrativas, por vias radicalmente inversas, buscam se aproximar da infância sob a forma de uma experiência de linguagem nascente, de palavras que irrompem, ora em direção ao filho morto, como no livro *Fora do Tempo*, de Grossman, ora em direção ao filho ainda por nascer, como em *Diário da Queda*, de Laub. Nessas extremidades da morte e da vida, estão instaladas as crianças ausentes, as que já se foram e as que ainda virão ao mundo. Em que língua seria possível comunicar-se com elas? "Numa língua que cai." Imagino essa resposta em uníssono, partilhada por Grossman e Laub, ainda que, como veremos, cada uma das obras despenque de uma maneira singular. O mais decisivo, contudo, é o próprio gesto de fazer a língua cair, como estratégia capaz de forjar um idioma comum com os filhos ausentes, algo próximo ao tartamudeio inespecífico e repetitivo de onde emergem todas as línguas e para onde retornam, quando a morte nos rouba a voz e nos reconduz à região elementar dos gritos e sussurros, como também certa vez imaginou o cineasta Ingmar Bergman.[2]

Mas antes de prosseguir, para fortalecer a argumentação a respeito da centralidade da queda em ambas as obras, cabe lembrar que, no original em hebraico, o título do livro de Grossman é Nofel mi-jutz la-zman. A palavra *nofel* vem do verbo *cair, tombar*. Na tradução em língua inglesa, o livro chama-se *Falling out of time* e, na tradução francesa, *Tomber hors du temps*. A ação de cair parece agravar a estranheza do título, ao expor uma ausência incontornável. Afinal, quem cai? O título em hebraico supõe uma ação com sujeito indeterminado, ou se quisermos pensar de modo radical, uma ação sem sujeito, já que cair é um gesto que tende a apagar o sujeito, a interromper a sua agência. Quando alguém cai, na verdade *foi caído*. Caiu. Algo o fez cair. A queda faz o sujeito desaparecer, perder a sua soberania. É algo que nos acontece e não algo que nós, por vontade própria, fazemos acontecer. Talvez, por esta razão, utiliza-se o verbo cair ou tombar para falar dos soldados mortos em combate. Não terá sido esta a expressão que David Grossman ouviu, quando bateram à sua porta no ano de 2006, para avisar que seu filho Uri havia tombado na guerra – *nafal ba krav*? A associação entre *cair* e *morrer* me parece decisiva. *Fora do tempo* assume este pareamento difícil na tarefa de ficcionalizar a experiência do luto pelo filho morto.

---

2. Refiro-me ao filme *Gritos e Sussuros* (1972) do cineasta sueco Ingmar Bergman. Numa casa de campo, em ambiente claustrofóbico, acompanhamos as interações difíceis entre quatro mulheres. Agnes está à beira da morte e é cuidada por suas duas irmãs e uma dedicada empregada, que perdeu um filho jovem.

Quando a história abre, passaram-se cinco anos de completa mudez entre um casal que, de súbito, desperta para a fala. Suas frases fragmentárias e monocórdias me soam como os exercícios de foniatria que pacientes com derrame precisam fazer para recuperar uma língua esquecida. De fato, o casal reaprende a falar. A língua não lhes vem fácil, nem lhes é familiar. A língua precisa ser parida, nascer de novo, não sem esforço, padecimento e dor, como todo parto exige. Cito a abertura do livro, na tradução de Paulo Geiger:

– Eu preciso ir.
– Para onde?
– Para ele.
– Para onde?
– Para ele, para lá.
– Para o lugar onde aconteceu?
– Não, não. Para lá.
– O que é lá?
– Não sei.
– Você está me assustando.
– Para vê-lo só mais um instante.
– Mas o que vai ver agora? O que restou para ver?
– Talvez lá se possa ver? Talvez até falar com ele?
– Falar?!

Tais emissões curtas parecem convulsionar a língua, expelida aos pedaços, um naco de cada vez. Ninguém sustenta a fala por muito tempo. A morte do filho exige brevidade, cautela e cerimônia. Dela, os pais se acercam aos poucos, como se cada palavra fosse um passo dado no escuro, tateando algum caminho que conduza a esse "lá", região sem mapa nem geografia, onde vivem os mortos. É preciso recuperar o fôlego a cada nova frase. A língua assume assim batimentos viscerais: sístole e diástole, como se ouve na continuação do diálogo do casal enlutado: "Olhe para mim. Nos meus olhos. O que está fazendo conosco? Sou eu, você vê? Somos nós, nós dois. Esta é a nossa casa. A cozinha. Vem, sente aqui. Vou servir a sopa".[3]

A língua aparece e desaparece, recomeçando a cada vez, como que do zero. Não há nexos sintáticos que articulem o discurso. Cada enunciado demanda um novo impulso. O acontecimento da morte e da vida está inscrito na língua, nessa pulsação engasgada, que vai consumindo a energia dos sujeitos que falam, gerando uma sensação de torpor, no limite do desfalecimento. Uma língua parida da ausência e a ela destinada. Tomar a palavra para fazer a experiência da perda equivale aqui a levar a língua a um limite através do qual o sujeito falante, em vez de exibir sua interioridade, se expõe ao fora-de-si, e vai ao encontro da própria finitude: "...sob cada palavra, se vê remetido a sua própria morte".[4] Esse diagnóstico, proferido por Michel Foucault a respeito da literatura de George Bataille, descreve também de forma certeira um traço definidor da escrita de David Grossman. Em *Fora do Tempo*, as palavras deixam de ser veículo para a intimidade deste ou daquele persona-

---

3. D. Grossman, *Fora do tempo*, tradução de Paulo Geiger, São Paulo: Companhia das Letras, 2012, p.8.
4. M. Foucault, "Prefácio à transgressão", in *Estética: Literatura e pintura, música e cinema*, org. Manoel Barros da Motta, tradução de Inês Autran Dourado Barbosa, Coleção Ditos & Escritos III, 3ª edição, Rio de Janeiro: Forense Universitária, 2009, p.46.

gem em particular e assumem uma dicção anônima, coletiva, abrangente, língua de ninguém e de todos, já que a morte que ela busca comunicar é a dimensão propriamente comum da condição humana.

Assim outras vozes vão se juntando ao réquiem desse casal, "como a/ costurar cada um de nós/ com a mesma linha" (p.168): a voz do Sapateiro, da Parteira, do Caminhante, da Mulher dentro da Rede, do Centauro, do Professor de Matemática. Personagens em frangalhos que também perderam filhos e cuja lamentação vai sendo registrada pelo Anotador dos Anais da Cidade, incumbido da tarefa de reportar ao Duque esta estranha sinfonia. Pouco a pouco, o coro vai se adensando e agravando estados de extremidade, estirando a língua para esse "lá", na beira do precipício. Num momento de ápice da narrativa, os personagens caem para dentro das covas que cavaram com as próprias mãos, num esforço impossível de comunhão com os filhos mortos:

> Cada um de nós cai de joelhos, baixa
> à terra, e nela cava com as mãos
> e com os pés, unhas também. Cavamos
> depressa, como animais
> [...]
> A terra se encurva e se afunda
> para nós, como se
> esperasse há muito tempo para ser cavada, que assim
> cavassem, que nela
> cavassem pessoas
> como nós – finalmente

nos tornamos úteis – e também sentimos
o quanto ela quer, a terra,
que rolemos nela, rejubilemos
nela, que riamos
para dentro dela – só lágrimas
e sangue e suor
derramamos sempre dentro dela. Quando,
diga, quando foi que um homem
riu para dentro
da terra?[5]

A mancha gráfica das páginas favorece a sensação de vertigem e de movimento descendente. A língua desaba, toda ela infiltrada de silêncios, vazios, espaçamentos brancos. E ao tombar, busca vocalizar aquilo que não recebeu linguagem, tocando um silêncio que não é "intimidade de um segredo privado",[6] mas a exterioridade da linguagem "se colocando o mais longe possível dela mesma" (p. 221), no limite do canto, lá onde vai se apagando a voz para deixar soar um murmúrio fora do tempo, que marca o compasso onipresente da ausência. Difícil deixar de lembrar dos versos do poeta Paul Celan sobre a rotina daqueles que cavavam suas próprias covas nos campos de concentração:

---

[5]. D. Grossman, *Fora do tempo*, tradução de Paulo Geiger, São Paulo: Companhia das Letras, 2012, p.143-144.
[6]. M. Foucault, "Prefácio à transgressão", in *Estética: Literatura e pintura, música e cinema*, org. Manoel Barros da Motta, tradução de Inês Autran Dourado Barbosa. Coleção Ditos & Escritos III. 3ª edição, Rio de Janeiro: Forense Universitária, 2009, p.28-46.

Havia terra neles, e
cavavam.
Cavavam e cavavam, assim passava
o seu dia, a sua noite [...]
Cavavam e não ouviam mais nada;
não se tornavam sábios, não inventavam nenhuma canção,
não imaginavam qualquer espécie de linguagem.
Cavavam.
Veio um silêncio, veio também uma tempestade,
vieram os mares todos.
Eu cavo, tu cavas, e o verme cava também,
e aquilo que ali canta diz: eles cavam.
Oh um, oh nenhum, oh ninguém, oh tu:
para onde íamos que não fomos para lado nenhum?
Oh tu cavas e eu cavo, cavo-me para chegar a ti,
e no dedo acorda-nos o anel.[7]

Esta declinação renitente da morte que se diz em "eu", em "tu" e em "eles" no poema de Celan e na prosa poética de Grossman atinge também aquele que lê, minimizando, por assim dizer, a atividade da consciência, acostumada ao processo de leitura como decifração racional. Algo nessas escritas parece desqualificar o sujeito eloquente, capaz de pinçar um elemento no texto e sobre isso discorrer com propriedade. Como se a mão estivesse invertida, é o texto que vem flechar o sujeito-leitor e feri-lo com um *punctum*, na

---

[7]. P. Celan, *Sete rosas mais tarde*, Antologia poética, seleção, tradução e introdução de João Barrento e Y. K. Centeno, 3ª edição, Lisboa: Edições Cotovia, 2006, tradução do poema de Celan por João Barrento e Y.K. Centeno (1996), p.99.

denominação de Roland Barthes.[8] Algo como uma picada punge o observador, abrindo-o para uma relação sensível com a língua na sua dimensão corpórea e material; a língua como um conjunto de sons, ritmos, intensidades que nos tocam e nos afetam de um modo semelhante à audição de um concerto instrumental. Assim a queda passa a ser também uma prerrogativa do leitor, que permite ser derrubado pela força desse canto *fora do tempo*.

A leitura de *Diário da Queda*, do escritor gaúcho Michel Laub, também é bastante acidentada. Trata-se de uma engenhosa trama de três diários imbricados, cobrindo três gerações de homens da mesma família. O livro apresenta trechos dos cadernos do avô, sobrevivente de Auschwitz, cujo silêncio sobre a experiência catastrófica que testemunhou se faz audível no amontoado de verbetes de um dicionário que ele produz sobre objetos e situações cotidianas, que passam longe de qualquer referência aos campos de concentração:

> Leite – alimento líquido de textura cremosa que além de conter cálcio e outras substâncias essenciais ao organismo tem a vantagem de ser muito pouco suscetível ao desenvolvimento de bactérias. O leite é o alimento perfeito para ser bebido por um homem quando ele se prepara para passar a manhã sozinho.[9]

Em contraste com essa escrita ascética, o diário do pai (filho deste sobrevivente de Auschwitz) se escreve em carne viva, com sentido de urgência, buscando alcançar o passado, antes que o

---

8. R. Barthes, *A câmara clara*, tradução Júlio Castañon, Rio de Janeiro: Nova Fronteira, 1984, p.46.
9. M. Laub, *Diário da queda*, São Paulo: Companhia das Letras, 2011, p.78.

mal de Alzheimer apague todas as suas lembranças. O registro é apressado e ofegante, como se cada frase pudesse ser a última:

Já chorei na estrada. Num hotel. Numa rodoviária. Numa livraria. No supermercado. No parque. Num depósito de peças. Num elevador. Num posto de gasolina. Num mirante em que se vê a cidade toda, mas ninguém podia me ver. No chuveiro, sentado sobre o ralo, enquanto a água quente se acumulava ao redor.[10]

A pulsão enumerativa comparece também ao terceiro diário que lemos, escrito pelo narrador-protagonista com, contra e a partir dos diários do avô e do pai, num feroz embate familiar em que a roupa suja se lava na esfera do discurso, vírgula a vírgula, ponto a ponto. A língua assume aqui uma ladainha obsessiva e persecutória, em que certos episódios retornam compulsivamente à página, num processo de reelaboração incansável. O episódio central, reencenado incontáveis vezes no livro, é a queda de um colega de escola, após ser jogado para o alto 13 vezes em sua festa de aniversário, como era de costume entre os meninos de Porto Alegre que comemoravam o seu bar-mitzvá.[11] Com a diferença de que o aniversariante da vez era um aluno gói,[12] bolsista, filho de cobrador de ônibus, cuja festa não acontecia num hotel de luxo,

---

10. M. Laub, Diário da queda, São Paulo: Companhia das Letras, 2011, p.145.
11. Bar-mitzvá é a cerimônia judaica que marca a passagem de um menino à vida adulta, aos 13 anos. A partir desta idade, o jovem assume sua maioridade religiosa, a partir da leitura da Torah na sinagoga, diante da comunidade. A palavra hebraica significa "filho do mandamento." As meninas atingem a maioridade religiosa aos 12 anos.
12. Gói, palavra hebraica de caráter pejorativo, usada para designar aquele que não é de origem judaica.

mas num salão de festas emprestado num prédio sem elevador. Na 13ª vez que o aniversariante é jogado para o alto, o grupo de meninos que deveria ampará-lo, recua. O rapaz cai de costas no chão, quebra uma vértebra e fica dois meses de cama com colete ortopédico. "Um dos que deveriam ter segurado o colega era eu",[13] pontifica o narrador. A culpa precipita a sua queda moral e o desmoronamento de suas relações afetivas e familiares. Tudo vai dito numa língua proliferante, que se espraia e se avoluma, engatando frases sucessivas, acumuladas num fluxo impetuoso. Também aqui a língua despenca, mas horizontalmente, pelo dispositivo da adição desmesurada, que estica a frase e adia ao máximo a chegada do ponto final:

> [...] eu entrei na sala dela [da coordenadora] decidido a não dizer nada, a continuar repetindo que havia sido um acidente, mas ela me recebeu sorrindo e ofereceu um café um pedaço de bolo e começou a fazer perguntas sobre o aniversário de João, e eu comecei a lembrar de novo do aniversário, e ela seguiu falando e eu não tinha vontade de elogiar os desenhos e os retratos, e o tom doce que ela usava começou a me deixar inquieto, ela perguntando se seu achava que isso era o tipo de brincadeira saudável, se eu tinha pensado que podia machucar um colega, se eu sabia que a família desse colega tinha dificuldades para conseguir mantê-lo naquela escola, e em algum ponto as perguntas dela e a lembrança do pai de João na festa e a visão do pai de João no parque vendendo algodão-doce para o filho poder dar a festa e ser humilhado pelos colegas na frente da família se misturaram com uma fraqueza, e

---

[13]. M. Laub, *Diário da queda*, São Paulo: Companhia das Letras, 2011, p.11.

eu comecei a achar que estava passando mal, e precisava deitar, e precisava de ar porque as janelas estavam fechadas e ela continuava esperando uma resposta até que se deu conta de que eu tinha perdido a cor e quase ao mesmo tempo que botei pra fora o café e o bolo e tudo o que havia comido naqueles dias eu disse que a versão do acidente era mentira.[14]

A partir de certo ponto, tem-se a sensação de que a escrita pega impulso e corre por si só numa marcha autônoma, sem freio, que incorpora a pulsão suicida de alguns dos personagens da trama, notadamente o avô sobrevivente de Auschwitz e o neto-narrador, propenso a bebedeiras e a outros comportamentos destrutivos. Paradoxalmente, nesta maratona de linguagem fadada ao esgotamento, instala-se a potência do recomeço. Como se fosse preciso se esgoelar, gastar todo o ar da língua, exauri-la, para então abrir espaço para uma nova voz, que está para nascer, na figura do filho por vir.

É assim que essa língua impulsiva, destinada ao fundo do poço, desemboca de maneira surpreendente na infância: «Ter um filho é deixar para trás a inviabilidade da experiência humana em todos os tempos e lugares».[15] A partir dessa constatação, a narrativa introduz um "você" e passa a se dirigir ao filho do narrador-protagonista, uma criança ainda sem nome e sem linguagem, que começará "do zero", com tudo ainda pela frente e por dizer.

Dar-se à queda, zerar a língua e chamar pelos filhos são gestos indissociáveis em *Diário da Queda* e em *Fora do Tempo*. Assim,

---

14. M. Laub, *Diário da queda*, São Paulo: Companhia das Letras, 2011, p.42.
15. Ibidem, p.150.

ao convocar a infância na escrita, as narrativas sublinham, na relação humana com a linguagem, não a dimensão de soberania e controle sobre as palavras, da parte de sujeitos confiantes e autossuficientes, mas as fraquezas e falhas que mantêm a aventura na língua um horizonte aberto, indefinido e arriscado.[16] Nesta direção, a infância parece oferecer uma senha para uma certa ética da escrita, pautada pelos traços da indeterminação, do inacabamento, e da experimentação permanentes, se imaginarmos, com o filósofo Jean-François Lyotard,[17] que não somos jamais inteiramente adultos em linguagem. Ao falar, ao escrever e ao ler, estamos sempre, em grande medida, engatinhando.

REFERÊNCIAS BIBLIOGRÁFICAS

Barthes, Roland. *A câmara clara*. Tradução Júlio Castañon. Rio de Janeiro: Nova Fronteira, 1984.

Celan, Paul. *Sete rosas mais tarde*. Antologia poética. Seleção, tradução e introdução de João Barrento e Y. K. Centeno. 3ª edição. Lisboa: Edições Cotovia, 2006.

---

16. Ecoo aqui Jeanne-Marie Gagnebin que, em diálogo com os escritos de Walter Benjamin, Giorgio Agamben e Jean-François Lyotard, escreve da infância: "Nem domínio do pecado nem jardim do paraíso, a infância habita muito mais, como seu limite interior e fundador, nossa linguagem e nossa razão humanas. Ela é o signo sempre presente de que a humanidade não repousa somente sobre sua força e seu poder, mas também, de maneira mais secreta, mas tão essencial, sobre suas faltas e fraquezas, sobre esse vazio que nossas palavras, tais como fios num motivo de renda, não deveriam encobrir, mas, sim, muito mais, acolher e bordar" (JM. Gabebin, 2005, p. 180-181).

17. F. Lyotard, *Lectures d'enfance*, Paris: Galilée, 1991.

Deleuze, Gilles. "O que as crianças dizem"; "Gaguejou..." In: _____. *Crítica e clínica*. Tradução Peter Pál Pelbart. São Paulo: Ed. 34, 1997, p. 73-79 e p.122-129.

Foucault, Michel. "Prefácio à transgressão". In: _____. *Estética: Literatura e pintura, música e cinema*. Org. Manoel Barros da Motta. Tradução de Inês Autran Dourado Barbosa. Coleção Ditos & Escritos III. 3ª edição. Rio de Janeiro: Forense Universitária, 2009, p.28-46.

Gagnebin, Jeanne-Marie. "Infância e pensamento". In: *Sete aulas sobre linguagem, memória e história*. 2ª ed. Rio de Janeiro: Imago, 2005, p. 180-181.

Grossman, David. *Fora do tempo*. Tradução de Paulo Geiger. São Paulo: Companhia das Letras, 2012.

Laub, Michel. *Diário da queda*. São Paulo: Companhia das Letras, 2011.

Lyotard, François. *Lectures d´enfance*. Paris: Galilée, 1991.

Xadrez contra a ditadura

> A leitura é, antes de mais nada,
> uma desforra da infância.
> Vincent Jouve

Introdução

O tema da precariedade da língua face à tarefa de contar eventos de extrema violência comparece com força na literatura contemporânea que se volta à narração de experiências históricas *ardentes*,[1] cujas feridas ainda abertas tocam o presente sensivelmente. Um engajamento ativo com o que do passado nos interpela demanda necessariamente uma cena de produção de linguagens e meios expressivos que possam promover inteligibilidades e renovar nossa faculdade de pronunciar sentidos.[2] Ao multiplicar tramas narrativas e transladar em linguagem experiências de ameaça e supressão da vida, a literatura pode criar, potencialmente,

---

1. G. Didi-Huberman, *Quando as imagens tocam o real*, tradução de Patrícia Carmello e Vera Casa Nova, Pós: Belo Horizonte, vol. 2, nº 4, 2012.
2. N. Richard, "Poéticas da memória e técnicas do esquecimento". In: W. M. Miranda (org.), Narrativas da modernidade, Belo Horizonte: Autêntica, 1999.

superfícies sensíveis de inscrição dos múltiplos apagamentos perpetrados no curso da História. Mas como fazer aparecer, na escrita, os desaparecimentos? Como forjar vozes narrativas para contar experiências de extinção da voz? Como inscrever o silêncio dos mortos na trama da linguagem?[3]

A pergunta "em que língua?" contar as histórias dos desaparecidos torna-se ainda mais complexa quando o destinatário da narrativa é a criança. Se considerarmos o aspecto de orientação futura da memória, como insiste Geoffrey Hartman[4], quando lê os testemunhos da Shoá como uma espécie de contrato transgeracional, em que o sobrevivente sobrevive justamente para transmitir o relato do que viveu a uma nova audiência que possa transformar a narrativa em experiência compartilhada afetivamente, a tensão envolvida neste "esforço comunicativo"[5] é tão maior quando a criança é endereçada. Como conciliar a ardência da matéria narrada com a legibilidade que se espera de um texto produzido para crianças? Como contar eventos e situações em que a vida está em risco, sem ameaçar a potência de vida que nasce com as crianças? E ainda, como relatar os aspectos mais terríveis do real para um público a quem a História convencionou proteger? Para Sokoloff, estudiosa da literatura infantil sobre o Holocausto, trata-se de enfrentar uma tensão entre "contar" e "proteger" a audiência dos horrores relatados.[6]

---

3. G. Didi-Huberman, *Quando as imagens tocam o real*, tradução de Patrícia Carmello e Vera Casa Nova, Pós: Belo Horizonte, vol. 2, nº 4, 2012.
4. G. Hartman, "Holocausto, testemunho, arte e trauma", in A. Nestrovski; M. Seligmann-Silva, Marcio, *Catástrofe e representação*, São Paulo: Escuta, 2000, pp. 207-235.
5. *Idem*, p. 217.
6. Naomi B. Sokoloff, *The Holocaust and Literature for Children*. Prooftexts vol. 25. n.1 & 2, Indiana University Press, 2005, 174-194. Uma interessante abordagem do trabalho se Sokoloff no âmbito da literatura infantil chilena pode ser encontrada no ensaio de Bernardita Muñoz-Chereau, "Representations

A noção de que certos temas não seriam adequados às crianças é um legado do Iluminismo. A longo do século XVIII, com a ascensão da ideologia burguesa, a criança passa a ocupar um lugar tutelado na sociedade. É vista como um ser em miniatura, ingênuo e incipiente, em fase preparatória para o mundo adulto e suas complicações, tornando-se objeto de proteção e controle, a cargo das duas principais instituições vigentes – a família e a escola – como mostram os estudos de Philippe Ariès (1978) e Michel Foucault (1999). No campo da literatura, o tratamento pueril dedicado à criança ensejou práticas discursivas de "adaptação" das narrativas folclóricas medievais, que circulavam indiscriminadamente entre adultos e crianças e eram repletas de enredos vingativos e sanguinolentos. Eram histórias de forte teor político, que tinham como pano de fundo os conflitos entre camponeses e senhores feudais. As narrativas folclóricas encenavam um mundo de opressão, acenando com uma possibilidade de inversão de forças. Aos oprimidos – os filhos caçulas, os pobres, os inábeis, os imaturos – a promessa de um final feliz, e aos opressores – reis, soberanos, lobos em pele de cordeiro – o castigo merecido. Pela pena talentosa de Charles Perrault, dos irmãos Grimm e de Hans Christian Andersen, os contos medievais se transfiguram em contos de fada, cambiando também de função. A literatura vai deixar de ser, paulatinamente, um espaço de contestação do poder e de dramatização da violência, para assumir a tarefa moralizante de transmissão dos valores burgueses

of Dictatorship in Contemporary Chilean Children´s Literature." *Children´s Literature in Education* 49, 2018, p. 233-245.

e de regras de boa conduta, que visam conformar a criança a um papel social tutelado pelo adulto.[7]

As catástrofes do século XX e XXI, que afetam milhões de crianças em esfera global, abalam forçosamente essa visão idealizada da infância e obrigam à formulação de novas linguagens e categorias interpretativas. Maria Nikolajeva propõe uma guinada de foco nos debates sobre literatura infantil. Ao invés de discutir questões de adequação temática dos livros voltados às crianças, sublinha a importância de se pensar sobre as linguagens que conduzem as narrativas. Não se trata de discutir "o quê" pode ou não ser abordado, mas "como". Em chave mais irônica e contundente, Salutin argumenta que deveríamos nos ocupar menos com o que há de inapropriado nos livros e mais com o que há de inapropriado no mundo que compartilhamos com as crianças.[8]

O desafio de aproximar literariamente o universo do sofrimento à sensibilidade infantil implica no embate com esse imaginário sedimentado acerca da incompatibilidade entre a criança e o mundo da barbárie. Embate delicado, porque não se trata de negar à infância qualquer especificidade, expondo-a sem critério à matéria ferida da história e da memória. Trata-se, antes, de implicar o jovem leitor na conversa com o mundo, valorizando a complexidade de sua experiência, de seu repertório de vivências e leituras e de sua prontidão para a escuta da dor,

---

7. Para um desdobramento da discussão sobre o lugar historicamente construído para a criança, ver P. Ariès, *História social da criança e da família*, Rio de Janeiro: Zahar, 1978. Para o impacto desta discussão no âmbito da literatura infantil, ver G. M. F. Ponde, "Literatura infantil e realidade", *Literatura Infantil II – Cadernos da PUC-RJ*, Rio de Janeiro: PUC-RJ, 1981.
8. Salutin *apud* J. L. Mickenberg; P. Nel, *Radical Children´s Literature Now!* Children's Literature Association, 2011, p. 454.

que se dá no terreno seguro do texto, do "lado de cá" da vida. Pois quando a literatura conta a catástrofe está já em outro lugar, alojada em outra temporalidade, trabalhando com "o que ainda não é", como diz o escritor argentino Ricardo Piglia.⁹ A ideia fundamental é a de que os sentidos do que se lê não pertencem ao passado, não estão incrustados no evento narrado. Os sentidos estão na possibilidade sempre renovada de acercar-se da experiência e de reconstruí-la desde um outro lugar e tempo, na cena presente da leitura. O antropólogo Michael D. Jackson propõe argumento semelhante em seu amplo estudo etnográfico sobre o papel e a performance das histórias em diferentes contextos culturais. Ao se debruçar sobre narrativas construídas e transmitidas em situações de violência e ameaça à vida, enfatiza a força política do que chama de "deslocamento imaginativo", ou seja, a capacidade das histórias de transportar os ouvintes/leitores para outros espaços e tempos de forma transformadora. Quando se ouve uma história, somos convidados a reconsiderar nossos pontos de vista, sob a perspectiva de outras lentes, e a ensaiar aproximações e distâncias entre o tempo do relato e o tempo das nossas próprias experiências. Por isso o "era uma vez"

---

9. Transcrevo o trecho onde se insere a citação: "A escrita de ficção se instala sempre no futuro, *trabalha como que ainda não é*. Constrói o novo com os restos do presente. ´A literatura é uma festa e um laboratório do possível`, dizia Ernst Bloch. Os romances de Arlt, como os de Macedônio Fernández, como os de Kafka ou os de Thomas Bernhard são máquinas utópicas, negativas e cruéis que trabalham a esperança" (grifo meu). R. Piglia, *O laboratório do escritor*, tradução de Josely Vianna Baptista, São Paulo: Iluminuras, 1994, p. 71-72: Minha leitura da obra de Piglia foi enriquecida pela pesquisa de Mauro Gaspar Filho, doutor em Estudos da Literatura pela PUC-Rio.

é sempre "o aqui e o agora",[10] segundo Jackson.[11] As histórias têm como potencial efeito um alargamento da vida, na medida em que nos incentivam a dimensionar questões contemporâneas num arco espaço-temporal mais vasto, implicando os leitores/ouvintes em tramas que ultrapassam seu universo vivencial. Dito de outra forma, ainda nos termos de Jackson, ao contar e ouvir histórias, "testemunhamos a própria diversidade, ambiguidade e interconexão de experiências".[12]

Tais considerações iniciais abrem passagem para o encontro com o livro-ilustrado *A redação* (*La Composición*) do escritor chileno António Skármeta.[13] E para o encontro perturbador com o personagem Pedro, um menino de 9 anos, que vive sob um regime ditatorial e se vê obrigado a contar uma história crível diante de um militar autoritário e ameaçador. As estratégias narrativas usadas por Pedro para driblar o escrutínio do capitão Romo e assim preservar a segurança de sua família em contexto de forte violência estatal serão o foco de nossa discussão.

Antes de adentrar a narrativa, contudo, cabe apresentar brevemente o contexto de publicação do livro, de forma a entender

---

10. Tradução de Robledo Cabral para a expressão *"once upon a time is always the here and now"*. Cf. M. Jackson, *The Politics of Storytelling: Violence, Transgression, and Intersubjectivity*, Museum Tusmulanum Press; University of Copenhagen, 2006, p. 254.
11. M. Jackson, *The Politics of Storytelling: Violence, Transgression, and Intersubjectivity*, Museum Tusmulanum Press; University of Copenhagen, 2006, p. 254.
12. Tradução de Robledo Cabral adaptada do original em inglês *"For in telling sotries we testify to the very diversity, ambiguity, and interconnectedness of experiences [...]"*. Cf. M. Jackson, p. 253.
13. A. Skármeta, *A redação*, tradução de Ana Maria Machado, ilustrações de Alfonso Ruano, Rio de Janeiro: Record, 2003 (La composición, 2000). A tradução de Ana Maria Machado foi premiada pela Fundação Nacional do Livro Infanto-Juvenil em 2003.

melhor as circunstâncias políticas que impediram que a história circulasse mais amplamente junto ao público jovem.

Leituras da redação

Escrito por António Skármeta e ilustrado por Alfonso Ruano, o livro A redação é considerado "fundamental para a representação da ditadura na literatura infantil chilena" (Muñoz-Chereau, 2017: 237).[14] De acordo com estudos detalhados da história de produção do livro,[15] a narrativa apareceu primeiro nos anos 1970, no auge da ditadura de Pinochet no Chile. Antagonista declarado do regime militar, Skármeta estava no exílio quando escreveu a história, transmitida inicialmente por radiodifusão na Alemanha, onde morou de 1973 a 1989. Na forma impressa, a história foi publicada primeiro no jornal francês Le Monde, com o título "Tema de Clase" (Tema de aula). Curiosamente, esta história não foi escrita originalmente para crianças. Apenas no ano 2000, portanto cerca de três décadas após sua primeira aparição, a história toma a forma de um livro-ilustrado, publicado pelas Ediciones Ekaré, a primeira editora especializada em livros infantis da Venezuela. Skármeta teria feito apenas algumas poucas alterações no texto, a que se juntariam as ilustrações

---

14. Tradução de Robledo Cabral do original em inglês: "La Composición was foundational for the representation of dictatorship in Chilean children's books." B. Muñoz-CHereau, (2018). "Dictatorship in Contemporary Chilean Children's Literature." Children's Literature in Education, 49, p.237.
15. Ver em especial B. Muñoz-Chereau,2018 e Sandra Lee Beckett, Crossover Fiction: Global and Historical Perspectives. London: Taylor & Francis, 2008.

de Ruano. O novo formato logo viajou o mundo, permitindo a jovens leitores de diferentes países, como Brasil, Argentina, Canadá e Itália um contato vigoroso com um passado não tão distante, através das atribulações vividas pelo personagem Pedro no ambiente escolar, confrontado com a tarefa de elaborar uma redação que poderia pôr em risco a vida de seus pais. Paradoxalmente, os estudantes chilenos tiveram que esperar muito mais tempo para conhecer a história de seu conterrâneo. Em entrevista, quando perguntado sobre a razão para a demora em publicar seu livro no Chile, Skármeta rebateu: "Talvez tenha algo a ver com o fato de que a história acontece no Chile, e o que se narra é baseado em fatos reais, que aconteceram durante a ditadura de Pinochet. Talvez seja menos conflituoso ler histórias repletas de sapos e princesas e borboletas".[16] O comentário irônico faz um ataque frontal tanto ao país que se recusa a confrontar seu passado ditatorial, quanto à manutenção de uma visão despolitizada da literatura infantil, quando tratada apenas como entretenimento inofensivo.

Em consonância com a crítica de Skármeta, a pesquisadora Muñoz-Chereau demonstrou, através de levantamento da produção de livros infantis no Chile nas décadas que sucederam o regime militar, a ausência expressiva de títulos que endereçassem esse período sombrio da história chilena. Apenas nos últimos anos, vê-se um crescente interesse de novas gerações de escritores em abordar um passado que eles mesmos não viveram em primeira mão, mas se sentem compelidos a desarquivar, para discutir seu impacto no tempo presente.

---

16. Skármeta *apud* Tinco, 2010.

Cabe notar, contudo, que apesar da alusão direta que Skármeta faz ao regime de Pinochet, A redação não apresenta referências específicas ao Chile. O enredo transcorre em um país latino-americano cujo nome não se revela. Por um lado, pode-se entender este apagamento como estratégia de proteção ao escritor exilado. Por outro, a falta de especificidade aponta também para uma potencial ampliação do alcance da história, permitindo que ressoe em diferentes contextos geopolíticos.

Tal poder de comunicação da obra com diferentes leitores em todo o mundo pode ser medido pela quantidade de prêmios internacionais que o livro conquistou: *Americas Book Award*; UNESCO *Prize for Children's and Young People's Literature in the Service of Tolerance*; *Jane Addams Children's Book Award for promoting peace and social justice*. Recentemente, o livro foi celebrado como exemplo vigoroso daquilo que estudiosos vem denominando como "literatura infantil radical":

> [...] obras que descartam muitas das suposições tradicionais do que seja apropriado às crianças, que reconhecem as preocupações prementes da atualidade como algo relevante para a vida das crianças, e que se recusam a minimizar verdades difíceis, mas obras que também apresentam qualidade literária e estética e reconhecem as capacidades cognitivas e emocionais das crianças. Esta literatura infantil radical modela e incentiva o ativismo nas crianças e nos adultos, ao expor formas injustas de poder.[17]

---

17. Tradução de Robledo Cabral do original em inglês: *"works that cast aside many of the traditional assumptions about what is appropriate to children, acknowledge pressing concerns of the day as relevant to children's lives, and refuse to whitewash difficult truths, but which also display literary and aesthetic quality and recognize the*

Com base nessa definição, elucidaremos alguns procedimentos verbo-visuais em jogo no livro *A redação*, para discutir o vigor da obra na desmontagem de noções consensuais sobre o que se deve ou não abordar com as crianças no âmbito da literatura infantil.

O que minha família faz todas as noites

O enredo do livro é enxuto: o menino Pedro um dia vê o pai de um amigo seu ser levado por soldados com metralhadoras. A partir daí desata a fazer perguntas aos amigos e aos pais, sobre o porquê daquele estado de coisas. Intui que seus pais são contra a ditadura pelo clima de segredo que impera na casa, pelo choro descontrolado de sua mãe, pelas frases lacônicas de seu pai, e porque toda noite eles colam o ouvido no rádio para saber das notícias que chegam de muito longe, em transmissão chiada. O clímax acontece com a chegada de um militar à escola de Pedro, convocando todas as crianças a participar de um concurso de redação. O tema é: "O que minha família faz todas as noites." Da sensibilidade do menino em compreender o que está em jogo com a escrita da redação depende a segurança da família.

A narrativa sustenta o suspense até a última página, quando Pedro lê em voz alta para os pais o conteúdo do texto que produziu e entregou ao militar. Não há como definir *a priori* o desenlace

---

cognitive and emotional capacities of children. Such radical children's literature models and encourages activism by children as well as adults, and exposes unjust uses of power."
J. L. Mickenberg e N. Philip, *Radical Children's Literature Now!* Children's Literature Association, 2011, p. 445.

da narrativa, já que o texto articula diferentes perspectivas, cabendo ao leitor equacioná-las de modo a fazer previsões e antecipações do enredo. Do ponto de vista dos pais do menino, tudo leva a crer que o filho cairá na arapuca do militar e descreverá a cena da família junto ao rádio todas as noites, uma vez que o silêncio com que seus pais devolvem as perguntas sempre diretas de Pedro contribui para a construção da imagem convencional da criança tutelada, a quem se deve proteger dos aspectos negativos do real. Quando o menino quer saber "eu também sou contra a ditadura?", a mãe responde que "criança não é contra nada. Criança é simplesmente criança. Garoto da sua idade tem é que ir para a escola, estudar muito, brincar e ser carinhoso com os pais" (p.19). A narração investirá na desmontagem dessa visão clicherizada de que crianças são simplesmente crianças, conferindo ao protagonista Pedro o poder de agir e resistir politicamente às práticas e discursos autoritários que invadem seu cotidiano escolar. A transformação do personagem, contudo, se dá de forma sutil e gradual, demandando dos leitores uma atenção redobrada para os pequenos momentos de insurgência que vão sendo plantados no enredo, já que os grandes conflitos políticos aparecem na trama como micro eventos discursivos.

À visão preservada da infância que os pais de Pedro desejam manter a todo custo, por exemplo, sobrepõe-se a curiosidade insaciável das crianças, que empregam o modo interrogativo para apreender o mundo, e o aplicam inclusive para questionar as regras básicas da redação, impostas pelo oficial. Ao convite impositivo do militar para que descrevessem (delatassem!) a rotina familiar, os alunos reagem com uma enxurrada de perguntas: "Senhor, a gente pode apagar, se errar? [...] Pode escrever com caneta, senhor? [...] Pode fazer em folha quadriculada, senhor?" (p. 22).

O narrador habilmente postula uma distância irônica das falas, de modo que cabe ao leitor decidir, por exemplo, se a linguagem polida e subserviente das crianças que fazem questão de dizer "senhor," a cada vez, é emblema de sua vontade de conferir e adequar-se às regras do jogo ou é uma forma de irritar o oficial. Ingenuidade ou deboche? O narrador se esquiva de comentários explicativos. Desta forma, a interrogação se mantém em aberto e faz durar a dúvida como dispositivo crítico diante da fala unidirecional do Capitão. Ao fim e ao cabo, a batalha que se trava entre o militar e as crianças, aos olhos do leitor, é da ordem do discurso. A linguagem do mando admite apenas uma única e imediata resposta, qual seja, a pronta obediência à ordem: "Agora peguem os lápis... Prontos? Anotar! [...] Um, dois, três... Começar!" (p.22). Ao retardar o cumprimento da ação através de múltiplas perguntas, os alunos interrompem a temporalidade acelerada da língua impositiva, produzindo um efeito dilatado e dispersivo na interação verbal que até então se impunha. Ao invés de simplesmente silenciar e escrever a redação sem titubeios, as crianças falam profusamente, enquanto permanecem sem escrever. Há aqui uma redistribuição do sensível, nos termos de Jacques Rancière,[18] na medida em que se desrespeitam consensos sobre quem deve falar e quem deve ser ouvido, sobre quem é considerado sujeito e quem deve se assujeitar. Se a política tem a ver com a alteração das formas habituais de circulação dos corpos, das palavras e de seus significados em determinadas comunidades e conjunturas,

---

18. J. Rancière, *A partilha do sensível*, São Paulo: Ed. 34, 2005.

podemos ler a tagarelice das crianças diante do militar como gesto performativo de alta voltagem política, que investe contra o jogo de forças instituído entre fortes e fracos. Quanto mais elas perguntam, maior a interferência na distribuição convencional dos turnos de fala entre crianças e adultos.

Neste sentido, é eloquente a argumentação de Michael Shapiro sobre os efeitos políticos do que Rancière chama de "ruptura estética", ou seja, procedimentos que "precipitam outra duração, um processo de negociação, que faz emergir novas interações e possibilidades de produção de sentidos alternativos".[19] Cada nova pergunta é uma forma de se desviar da tarefa imposta, pela produção de uma deriva discursiva, que quer resistir ao cumprimento da ação. Trata-se, efetivamente, de uma disputa pela gestão do tempo, como dispositivo político que rompe com as regras implícitas de quem deve ter a posse do discurso, quando se está diante de um oficial fardado, num contexto escolar altamente hierarquizado. No campo de estudos da Análise da Conversação (AC), tais negociações interacionais "podem se desenrolar de uma maneira pacífica ou conflituosa, cortês ou agressiva e, frequentemente, sob a forma de golpes de força para ocupar o lugar ou se apossar do turno de fala".[20]

---

19. Tradução de Robledo Cabral do original em inglês: "*the aesthetic breaks [...] precipitate another duration, a negotiation process in which new interactions and alternative sense-making possibilities emerge.*" M. Shapiro, Punctuations: How the Arts Think the Political, Duke University Press, 2019, p. 169. Agradeço a Roberto Yamato pelo contato feito com o professor Michael Shapiro, que me permitiu acesso e reprodução de trechos de seu livro, então ainda no prelo, como fonte de pesquisa e elaboração de alguns dos argumentos que desenvolvo neste texto.
20. Kerbrat-Orecchioni, 2006, p.11.

No livro, as falas são traiçoeiras e não possuem marcadores afetivos tão explícitos. A narração nos incita a ler com desconfiança a (fingida) afabilidade do militar que "convida" os alunos a participar do concurso de redação, encorajando-os a escrever "livremente" sobre quem vem visitar os pais à noite ou sobre o que eles discutem quando veem televisão. A ativação de um repertório lexical contraditório por parte do Capitão, que soa ora assertivo ("Atenção! Sentar!"), ora simpático ("Bom dia, amiguinhos"), repercute nas respostas também ambíguas das crianças. Se por um lado, no plano verbal, elas manifestam certo poder de agenciamento de suas condutas em sala de aula quando tomam a palavra para se dirigir ao oficial – como já discutimos, no plano corporal, as crianças se mantêm acuadas. Ao "convite" do oficial para que as crianças se sentem e comecem a trabalhar, o narrador aloja a pequena frase: "Os meninos obedeceram." Segue-se a descrição da linguagem corporal dos alunos, contida e tensa: mordem os lápis, roem as unhas, franzem a testa, põem a língua entre os dentes.

No atritar dos dois léxicos, entre o registro dócil e o violento, firma-se um contrato de leitura que oferece ao leitor uma latitude ampla para interpretar. Há espaço de sobra para a conjectura, móvel indispensável ao pacto ficcional. O ato de leitura já foi equiparado, mais de uma vez e com justa causa, à estrutura de um romance policial, e o leitor, assemelhado a um detetive, um caçador de pistas falsas.[21] A comparação é rentável para o

---

21. Ver a propósito, R. Piglia, *O laboratório do escritor*, tradução de Josely Vianna Baptista, São Paulo: Iluminuras, 1994. O romance policial é também foco da reflexão de U. Eco, *Pós-escrito a O Nome da Rosa*, tradução de Letizia Zini Antunes e Álvaro Lorencini, Rio de Janeiro: Nova Fronteira, 1985.

livro de Skármeta, cujo narrador parece contar sempre ao menos duas histórias: a história de superfície que o texto autentica em enredo linear, e a que se dissemina nas entrelinhas, secreta e invisível. De um lado, uma sequência de ações claramente expostas. De outro, as reverberações imprevistas desse conjunto de fatos na subjetividade do protagonista, que nos serão reveladas na última página do livro, quando conheceremos o conteúdo da redação escrita por Pedro. O estratagema consiste em apresentar alguns fatos inequívocos no plano do enredo, convocando a atenção do leitor para o desenrolar superficial da trama, enquanto o narrador comete "pequenos delitos" por debaixo do pano, para compor sem alarde uma outra história subterrânea. Arma-se assim um duplo pacto de leitura, em que o leitor é chamado a fruir uma história envolvente, cheia de suspense, mas também é estimulado a desconfiar dos rumos aparentes do enredo linear por meio de pistas discretas que vão plantando em nós o gérmen da insurgência. Talvez Pedro e seus colegas de classe não sejam mesmo tão obedientes assim. Vai-se fomentando uma espécie de vigilância precavida – o leitor se observa ao ler e revê constantemente suas posições diante das estratégias do narrador. É através desse movimento pendular que oscila entre o envolvimento afetivo com os personagens e o recuo crítico diante das manobras do narrador, entre a implicação imersiva e a observação distanciada, que o texto age sobre o leitor, tornando a ato de ler uma experiência dinâmica e, em grande medida, imprevisível, já que o sentido de cada cena nunca se dá a ver de maneira inequívoca. A dimensão política do texto também reside aí, se pudermos transpor para o campo discursivo aquilo que Rancière afirma sobre os efeitos das imagens visuais no embaralhamento de nosso campo perceptivo: "são disposições do corpo e do espírito, nas quais o olhar não sabe antecipadamente o que vê, do mesmo modo que o pensamento não sabe o que fazer com o que é visto."[22] A presença da violência na obra se inscreve nessa dinâmica de efeitos incertos. Vejamos mais detidamente.

Ordem, silêncio, invenção

O livro apresenta três cenas distintas de produção de linguagem para dizer (e contestar) a violência no contexto ditatorial militar: a linguagem da ordem; a linguagem do silêncio; a linguagem da invenção. A ordem está presente de forma insidiosa em várias instâncias narrativas. Ela se encarna nos usos oficiais da linguagem gritada pelos soldados que prendem o pai do amigo de Pedro. São comandos curtos, intransitivos como "Para trás!" ou "Cuidado!". Tais palavras de ordem bloqueiam a possibilidade de diálogo e hierarquizam as relações, potencializando a força impositiva da linguagem do mando. De forma mais sutil, a ordem se instala na linguagem controlada dos pais de Pedro, feita igualmente de frases curtas e intransitivas, que procuram desesperadamente estancar as perguntas do menino, encerrar de vez o assunto. Quando Pedro comenta em casa a prisão do pai de seu amigo, arma-se um diálogo sem diálogo:

– Você acha que vai aparecer na televisão? – perguntou Pedro.

---

22. J. Rancière, *O espectador emancipado*, tradução de José Miranda Justo, Lisboa: Orfeu Negro, 2010, p.153

– O quê? – perguntou o pai.
– Seu Daniel.
– Não [...]
– Por que mamãe está chorando? [...]
– Não estou chorando.
– Alguém te fez alguma coisa? – perguntou Pedro.
– Não – disse ela. (p.16)

A ameaça do patrulhamento ideológico interdita a linguagem da intimidade, submetendo-a perversamente aos mesmos códigos de contenção da linguagem oficial. A palavra desafetivizada aumenta a voltagem da violência na narrativa, na medida em que encurrala seus personagens em posições solitárias, impedidos de fazer conexões – de sentido e de afeto. Cada "não" proferido pelos pais em resposta às interpelações do menino é a interrupção de uma outra narrativa possível, que nunca vem à tona. A utopia de uma conversa leve e bem-humorada em torno da mesa de jantar ou um bate-papo franco sobre as pressões da ditadura se instalam nas dobras desse silêncio terrível que faz da intimidade familiar uma elipse gramatical. É uma elipse que tem peso, densidade e volume, porque nela está suprimido um sem número de histórias não atualizadas pelo relato. Neste sentido, o "não-dito" abarca uma gama ampla de narrativas e inflama a imaginação. O "não-dito" esconde a utopia da palavra liberta; denuncia a periculosidade do narrar; formula na mesma moeda uma resposta crítica ao contexto histórico que impõe o silêncio, duplicando-o na linguagem daqueles que são obrigados a calar, mas calam astutamente para burlar a vigilância. Quando os pais de Pedro não respondem às suas dúvidas, sentimos a brutalidade da comunicação interdita, o sangue-frio da linguagem, o esmaecimento do afeto, mas também a contra face urgente do amor e do instinto de proteção aos filhos, em situações emergenciais.

As imagens do celebrado ilustrador espanhol Alfonso Ruano são magistrais na captura deste universo enquadrado e racional, habitado por criaturas estáticas, que não ousam olhar umas nos olhos das outras, de onde pulsa a vida sufocada. A cada página, uma moldura diferente contém cenas de intenso teor emocional, protegidas de qualquer derramamento. Seja no espaço público, seja no espaço privado, as personagens mantêm o corpo insuportavelmente rígido e deitam os olhos baixos, criando redomas intransponíveis.

O efeito de clausura não se propaga apenas no nível intradiegético, no plano interno ao enredo. É como se as ilustrações quisessem expulsar também o leitor da cena, acirrando o abismo entre a matéria narrada e a audiência. Do lado de cá do livro, olhamos algo que não nos olha de volta, que se fecha à nossa contemplação. Ou alternativamente, olhamos algo que dá a ver justamente o abismo que nos aparta da cena. A exceção, que confirma a regra, é a imagem do menino Daniel, no episódio em que seu pai é levado preso.

A criança nos encara de frente em meio a uma multidão de soldados e anônimos, de quem só vemos as costas. Seu olhar é uma interpelação, nos força a ver o abismo. Comprimido por entre os ombros largos e os fuzis dos soldados, que emolduram o seu desamparo, o menino segura nas mãos um molho de chaves da mercearia de seu pai. Como é possível a vida seguir depois disto? A pergunta (não formulada no livro) nos atravessa com violência e, a um só tempo, engaja-nos emocionalmente com o destino do menino, enquanto nos rouba a cumplicidade possível pelo enquadramento da dor no espaço constritivo da moldura que nos aliena. O menino, quase tão próximo, está, contudo, fora do nosso alcance. A distância intransponível produz desconforto e parece questionar a impropriedade e ineficácia do nosso olhar diante do sofrimento do personagem e diante da conjuntura violenta que perpassa a cena. De forma paradoxal, contudo, a imagem que nos aliena também nos convoca, encorajando novos modos de aproximação ao que pode haver de intolerável na imagem. A perplexidade estampada na face do menino nos atinge em cheio e força uma pausa reflexiva, colocando em xeque os limites de nossa solidariedade e capacidade de alterar o curso da história. A perplexidade torna-se também uma prerrogativa de leitura. As respostas afetivas não são óbvias ou consensuais. A imagem desorienta e enseja uma abertura ao que Rancière chama de uma nova política do sensível, pautada pela indecidibilidade do efeito e pela resistência do visível ao consumo sentimental facilitado.[23]

Do ponto de vista estilístico, isto significa dizer que o livro nos oferece, habilmente, percursos de leitura já conhecidos, porém introduz desvios violentos, materializados na frieza visual e contenção discursiva, feita de "orações inconclusas" e de "vocabulário extraviados", que freiam o virar das páginas e frustram a comunhão desejada, desprogramando a recepção prevista. Isso gera uma perplexidade produtiva. O leitor sai do seu eixo, ganha uma margem de movimentação e parte em busca de "planos de

---

23. Rancière, 2010, p.153.

legibilidade"[24] para assimilar a matéria violenta, ao mesmo tempo em que busca ressignificar a sua própria experiência de leitura. É um caminho inteligente e generoso, porque não exclui até mesmo os leitores mais ingênuos, atentos apenas à história clássica dos fracos contra os fortes. O narrador oferece os subsídios convencionais para a identificação afetiva com o menino protagonista: Pedro é inteligente, tem a língua afiada, senso de humor, joga bem futebol, é solidário com os amigos, preocupado com os pais e sozinho em sua incompreensão do mundo. Enfim, é um herói construído para conquistar nossa simpatia imediata. Mas uma vez enredados na trama, tornamo-nos prisioneiros também de uma outra história e de uma outra estrutura dramática.

O interesse de A redação reside justamente na capacidade do texto em sustentar esta estrutura dramática em dobradiça, construída a partir do binômio desconcertante "menino-ditadura", atritando esses dois universos díspares para a articulação de uma só história que englobe aquilo que, por princípio, não deveria estar junto. O par "menino-ditatura" se arma de forma tensa no relato, como duas peças que precisam dividir o mesmo espaço, mas cujo encaixe exige esforço narrativo. O narrador se aproxima, com um misto de afetividade e prudência, do dia a dia do menino Pedro, descrevendo com minúcia aquilo que Roland Barthes chama de "notação insignificante".[25] Assim, ficamos sabendo do jogo de futebol com a bola de plástico no campinho

---

24. As expressões entre aspas são de N. Richard, "Poéticas da memória e técnicas do esquecimento", in W. M. Miranda (org.), Narrativas da Modernidade, Belo Horizonte: Autêntica, 1999, p.333.
25. R. Barthes, "O efeito de real", o rumor da língua, tradução de Mario Laranjeira, Rio de Janeiro: Brasiliense, 1988, p.159.

do bairro, do pão com geleia, engolido às pressas no café da manhã, da pipa azul presa nos galhos de uma árvore, ou da unha que o amigo de escola rói e cospe no chão. Tais pormenores inúteis, para seguir com a terminologia de Barthes, produzem um "efeito de real", tão mais fantasmagórico na medida de sua precariedade. O real não se sustenta como tal. Mais do que uma proposição semiológica isenta sobre a ilusão referencial, ou seja, a ideia de que o pormenor descritivo não aponta para o real em si, mas para a *categoria* do real, em A *redação*, o recurso descritivo ganha uma dimensão assustadora – é o veículo por onde se infiltra o perigo. Na economia do texto infantil, a notação insignificante funciona como uma espécie de lobo-mau desencarnado e disfarçado em linguagem, sempre à espreita para, no menor deslize, fazer desintegrar o mundo familiar do pequeno herói.

O texto caminha inescapavelmente para o encontro difícil entre o universo infantil das brincadeiras cotidianas e a violência do estado ditatorial. A força impositiva da repressão militar desautoriza o estatuto do real para a criança, abalando os alicerces que até então sustentavam o seu estar-no-mundo: a estabilidade familiar, a rotina dos jogos infantis, a escola, o grupo de amizades. Tudo muda, nada é trivial, o real já não é passível de reconhecimento. É com distanciada ironia que o narrador descreve os pormenores insignificantes da vida cotidiana, toda ela infiltrada por acontecimentos excepcionais. O corriqueiro e o estado de exceção são inventariados lado a lado, indistintamente, em um único parágrafo:

> Passou uma semana, uma árvore da praça caiu de velha, o caminhão do lixo ficou cinco dias sem passar e as moscas tropeçavam nos olhos das pessoas, o Gustavo Martinez da casa em frente se casou

e os vizinho ganharam uns pedaços de bolo, o jipe voltou e prenderam o professor Manuel Pedraza, o padre não quis rezar a missa no domingo, no muro da escola apareceu escrita a palavra "resistência", Daniel voltou a jogar futebol e fez um gol de bicicleta e outro de lençol, os sorvetes subiram de preço e Matilde Schepp, quando fez nove anos, pediu a Pedro que lhe desse um beijo na boca. (p.30)

É eficaz o emprego de uma linguagem isenta de qualquer convulsão, que desdramatiza e expõe a violência banalizada. O recurso do humor também contribui para quebrar a recepção convencional, conferindo leveza a um cenário em que o riso soa deslocado, causa desconforto, mas é também fonte de alívio e catarse emocional. A pressão da violência que se alastra por todos os espaços da vida cede diante dos casos divertidos da infância, que recusa a se render. Assim o texto respira. E respira também o leitor. Por isto a sensação que poderia ser radicalmente desorientadora, já que tudo está fora do lugar ou fora do tom, jamais atinge níveis extremados. O mérito do texto é manter dois discursos inconciliáveis funcionando simultaneamente, sem promover harmonia, por um lado, e sem escancarar o descompasso, por outro. Ainda que essa seja uma história de acentuadas discrepâncias: entre a criança e o mundo da barbárie, entre o núcleo familiar e a sensação de solidão, entre o leve e o pesado – dribla-se o desacerto pela linguagem da invenção, que reabilita a "felicidade de narrar"[26] e reabre a dimensão do

---

26. A expressão "felicidade de narrar" é derivada do pensamento de Maurice Blanchot sobre a escrita do desastre. Segundo Blanchot, a catástrofe promove a "extinção da felicidade de falar", porque inviabiliza a linguagem como processo comunicativo, tornando-a opaca e intransitiva. Há uma descontinuidade radical entre as palavras e as coisas, entre o presente da linguagem e o passado traumático, entre o sobrevivente e a audiência apartada da ex-

futuro para deixar entrar a vida. Na última página do livro, em desfecho surpreendente, o menino Pedro lê para os seus pais a redação que escrevera a pedido do Capitão Romo:

> Quando meu pai volta do trabalho, eu vou esperá-lo no ponto de ônibus. Às vezes, minha mãe está em casa e quando meu pai chega ela pergunta quequiouve meu bem, como foram as coisas hoje. Tudo bem diz meu pai, e com você, o de sempre responde minha mãe. Então eu saio para jogar futebol e adoro fazer gol de cabeça. Depois minha mãe chega e diz tá na hora Pedrinho vem que a janta tá na mesa, e a gente se senta e eu sempre como tudo menos a sopa que eu detesto. Depois toda noite minha mãe e meu pai sentam no sofá e jogam xadrez e eu termino o dever de casa. E eles continuam jogando xadrez até a hora de dormir. E depois, depois eu não posso contar porque já estou dormindo. (p.35)

A redação é uma obra-prima de ironia e dissimulação. O menino usa da astúcia própria dos tradicionais *tricksters* infantis – personagens como o jabuti, a aranha Ananse e o macaco – que vencem o antagonista mais forte pelo jogo da esperteza. O truque aqui é duplicar na escrita o imaginário pueril que se espera da criança, operando por debaixo do pano um deslocamento de sentido, que trapaceia e contradiz a imagem postulada. Os erros ortográficos, os coloquialismos que simulam a linguagem oral, as palavras redundantes, tudo colabora para a construção de um perfil ingênuo, acima de qualquer suspeita. Que a ingenuidade tão prezada pelos pais de Pedro, quando lhe negam acesso à

---

periência catastrófica, que interdita a fluência narrativa e gera uma escrita fragmentária. M. Blanchot, L'*écriture du desastre*, Paris: Gallimard, 1980.

informação, tenha sido justamente aquilo que Pedro decide encenar para salvar a todos é um golpe de mestre em direção ao "final feliz". Porque a redação obriga os pais de Pedro a rever a insuficiência de suas noções de infância, reconectando-os com o seu filho através da linguagem da invenção, tomada de empréstimo à criança. Os pais entram no jogo da farsa consentida: "Pedro olhou para os pais e viu que os dois estavam sorrindo. – Bom – disse o pai –, por via das dúvidas, vamos ter que comprar um jogo de xadrez. Nunca se sabe..." (p.35).

Pela via da ficção, é possível voltar a imaginar uma outra história, senão para o país, ao menos para aquela família, re--unida pela satisfação de jogar com as palavras. Deste modo, face à aspereza do real, a literatura resgata seu poder encantatório, de nomear mundos possíveis e, pela nomeação, de fazê-los surgir de fato. Como o título em espanhol antecipa – La Composición –, a ficção ajuda a compor a utopia, ainda que não se trate de uma utopia grandiloquente e excessivamente otimista. Afinal, a prisão do pai de Daniel, que deflagra toda a história, permanece como fato incontornável. O desfecho do livro não traz o personagem de volta. A elipse é sentida até a última página. Ao construir o enredo a partir dessa ausência, materializada nas formas do silêncio e das supressões visuais, o livro se empenha em conectar jovens leitores com apagamentos perpetrados nas ditaduras da América Latina. Não se trata de contar uma história preenchida e reconfortante, em que tudo se expõe e se explica. As lacunas no enredo ensejam um trabalho imaginário que implica os leitores contemporâneos na construção de sentidos para o passado e para o que de lá nos atinge como interpelação, como ferida aberta que "ainda arde" e reclama endereçamentos, para retomar o vocabulário de Didi-Huberman. Ou, para recuperar a fórmula de Jackson: "Era uma vez é sempre aqui e agora."

Nesse apelo ao engajamento com o que há de intratável na história recente, A redação não esconde das crianças os fatos violentos. Contudo, como procuramos demonstrar até aqui, a narrativa se arma em escala menor. O contexto político mais amplo se apresenta disseminado fragmentariamente em pequenos embates discursivos, travados no cotidiano escolar e familiar de Pedro, contra a linguagem do mando, perpetrada pelo capitão e, de forma diversa, contra a linguagem do silêncio, praticada por seus próprios pais para burlar a vigilância militar. É no nível miúdo das interações triviais que o menino adquire sagacidade política e aprende a jogar com as palavras para compor uma redação acima de qualquer suspeita. De modo convergente, jovens leitores são incentivados a apurar a dimensão política das palavras e imagens e a indagar sobre seus modos de composição, permeados por lacunas expressivas. Entre os silêncios impostos em contexto autoritário e os silêncios ressignificados como procedimento artístico, amplia-se o campo especulativo e as possibilidades de rebatimentos entre passado e presente no jogo da leitura. Aquilo que não se diz e não se mostra demanda porquês. Ainda hoje.

A redação apresenta a violência ditatorial, mas não se curva a ela. Diante de condições adversas, em situação de pressão e perigo, as crianças são chamadas a movimentar astutamente as peças de um tabuleiro inventado, com a força de seus micro- movimentos de leitura e de escrita do mundo. O livro faz uma aposta contundente nessa infância inquieta e interrogativa e em sua capacidade de renovar a vida sob ameaça, uma pecinha de cada vez.

REFERÊNCIAS BIBLIOGRÁFICAS

Ariès, Philippe. História social da criança e da família. Rio de Janeiro: Zahar, 1978.

Barthes, Roland. O rumor da língua. Tradução de Mario Laranjeira, Rio de Janeiro: Brasiliense, 1988.

Beckett, Sandra Lee. Crossover Fiction: Global and Historical Perspectives. London: Taylor & Francis, 2008.

Blanchot, Maurice. L`écriture du desastre. Paris: Gallimard, 1980.

Didi-Huberman, George. Quando as imagens tocam o real. Tradução de Patrícia Carmello e Vera Casa Nova, Pós: Belo Horizonte, vol. 2, nº 4, 2012.

Eco, Umberto. Pós-escrito a O Nome da Rosa. Tradução de Letizia Zini Antunes e Álvaro Lorencini. Rio de Janeiro: Nova Fronteira, 1985.

Jackson, Michael. The Politics of Storytelling: Violence, Transgression, and Intersubjectivity. Copenhague: Museum Tusculanum Press; University of Copenhagen, 2011.

Kerbrat-Orecchioni, Catherine. Análise da conversacão: princípios e métodos. São Paulo: Parábola Editorial, 2006, p.11.

Mickenberg, Julia. L.; Nel, Philip. Radical Children´s Literature Now! Children's Literature Association, 2011, p. 445.

Miranda, Wander Melo (org.). Narrativas da Modernidade. Belo Horizonte: Autêntica, 1999, p.333

Muñoz-Chereau, Bernardita. "Representations of Dictatorship in Contemporary Chilean". Children´s Literature in Education, 2018.

Nestrovski Arthur; Seligmann-Silva, Márcio. *Catástrofe e representação*. São Paulo: Escuta, 2000, pp. 207-235.

Piglia, Ricardo. *O laboratório do escritor*. Tradução de Josely Vianna Baptista. São Paulo: Iluminuras, 1994.

Pondé, Glória. "Literatura infantil e realidade", Literatura Infantil II – *Cadernos da PUC-RJ*, Rio de Janeiro: PUC-RJ, 1981.

Rancière, Jacques. *A partilha do sensível*. São Paulo: Ed. 34, 2005.

Rancière, Jacques. *O espectador Emancipado*. Tradução de José Miranda Justo. Lisboa: Orfeu Negro, 2010.

Shapiro, Michael J. *Punctuations: How the Arts Think the Political*. Durham: Duke University Press, 2019.

Skármeta, Antonio. *A redação*. Tradução de Ana Maria Machado, ilustrações de Alfonso Ruano. Rio de Janeiro: Record, 2003 (La composición, 2000).

Sokoloff, Naomi B. "The Holocaust and Literature for Children". *Prooftexts* vol. 25. n.1 & 2, Indiana University Press, 2005, 174-194.

Tinco, Selene. *La Composición de Skármeta*: Entrevista. Caballito de Madera, 2010.

REFERÊNCIA DOS TEXTOS

Os ensaios reunidos neste livro resultam de pesquisas realizadas com o apoio da bolsa de produtividade do CNPq. Foram, em sua maioria, textos publicados anteriormente em diferentes versões e atualizados de modo pontual para compor o presente volume.

Um corpo que cai. Publicado originalmente sob o título "Criar com a infância" no livro *Literatura e Criatividade*. Heidrun Krieger Olinto e Karl Erik Schollmmer (orgs). Rio de Janeiro: 7Letras, 2012, p. 131-140.

Quero te contar lisamente. Publicado originalmente sob o título "A arte da canhota: o corpo da criança na escrita de Nuno Ramos". Estudos de Literatura Brasileira contemporânea, v.33, 2009, p. 51-58.
Disponível em https://periodicos.unb.br/index.php/estudos/article/view/9583.

A grande orelha de Kafka. Escutas cruzadas entre Walter Benjamin e Mário de Andrade. Uma primeira versão do texto foi publicada originalmente sob o título "A grande orelha de Kafka", em Cadernos de Leitura, nº 87, Série Infância. Belo Horizonte: Chão da Feira, 2019. Disponível em https://chaodafeira.com/catalogo/caderno87/. O texto apresentado neste livro é uma versão desdobrada do ensaio original e adiciona considerações sobre a atuação de Mário de Andrade como gestor cultural em São Paulo. Tive oportunidade de discutir esta versão ampliada do ensaio com colegas no Seminário "Benjaminiana 2018: encontro de pesquisadores de Walter Benjamin", organizado pelos alunos de pós-graduação da Faculdade de Letras da UFRJ e, posteriormente, no Colóquio "Poétique et politique de la lecture. Regards croisés entre la France et le Brésil", organizado por Patrícia Lavelle e Marc Crépon na ENS-Paris.

Histórias invisíveis. Publicado originalmente no livro *Educação e leitura: Redes de sentidos*. Marly Amarilha (org.). 1ed.Brasília: Liber Livro, 2010, p. 63-76.

No precipício da língua. Publicado originalmente no livro *Escritas da violência, vol. 2: representações da violência na história e na cultura contemporâneas da América Latina*. Márcio Seligmann-Silva, Jaime Ginzburg e Francisco Foot Hardman (orgs.) Rio de Janeiro: 7 Letras, 2012, p. 143-153.

Anne Frank, uma conversa infinita. Publicado originalmente no livro *Trajetórias judaicas: história, cultura e educação* Rio de Janeiro. Sônia Kramer e Eliane Pszczol (orgs.). Editora PUC-Rio e Ed. Numa, 2020, pp.117-132.

Sem rede de proteção: palavras em queda livre nas obras de David Grossman e Michel Laub. Publicado originalmente no livro *Judaísmo e Cultura: Fronteiras em movimento*. Helena Lewin (org.). 1ed. Rio de Janeiro: Imprimatur, 2013, p.590-596.

Esconde-esconde com a morte: contratempos. Publicado originalmente sob o título "Contratempos de infância e morte" na Revista Letras, vol. 95, Dossiê Temático Tempo e tradução, Maurício Mendonça Cardozo e Viviane Veras (orgs.), UFPR, 2017, p. 24-34. Disponível em http://dx.doi.org/10.5380/rel.v95i0.48719

Aparecer, desaparecer. Assombrações da infância com Boltanski e Benjamin. Publicado originalmente sob o título "Assombrações da infância com Boltanski e Benjamin", na Revista *Alea: estudos neolatinos* [online], 2015, vol.17, n.2, p.227-245. Disponível em https://doi.org/10.1590/1517-106X/172-227. Republicado, em versão modificada, com o título de "Ver: desaparecer" no livro *Linguagens visuais: Literatura. Artes. Cultura.* Heidrun Krieger Olinto, Karl Erik Schollhammer e Danusa Depesa Portas (orgs.). Rio de Janeiro: Ed. PUC-Rio, 2018, p. 305-320. A versão apresentada neste livro combina os dois textos publicados anteriormente.

Riso exterminador. Publicado originalmente sob o título "Figurações do infanticídio: entre o riso e o nonsense" em *Do reino das sombras: figurações da morte*. Ana Paula Pinto *et al.* (orgs.). 1ed. Braga: Aletheia, 2014. Republicado em versão modificada, sob o título "Quando a criança ri diante do fim". LER – Leitura em Revista, v.5, 2014. Uma nova versão revista e ampliada foi publicada em inglês como "Mocking Death in Brazilian Children´s Literature" na coletânea *Global Perspectives on Death in Children´s Literature*. Lesley Clement and Leili Jamali (eds.). London: Routledge, 2016. Copyright © [2016] (Mocking Death in Brazilian Children´s Literature) (Rosana Kohl Bines/ Lesley Clement and Leili Jamali). Reproduced by permission of Taylor and Francis

Group, LLC, a division of Informa plc. A versão apresentada neste livro baseia-se no texto em inglês.

Pela voz de um menino. Publicado em versão preliminar nos Anais do XII Congresso Internacional ABRALIC (Associação Brasileira de Literatura Comparada). Curitiba, 18 a 22 de julho de 2011. Disponível em: https://abralic.org.br/eventos/cong2011/AnaisOnline/lista_area_28.htm

Escrever no galope da infância. Publicado originalmente no livro *Judeus no Brasil: história e historiografia*. Ensaios em homenagem a Nachman Falbel. Anat Falbel, Avraham Milgram, Fabio Koifman (orgs). Rio de Janeiro: Garamond, 2021, p. 326-339.

Xadrez contra a ditadura. Publicado originalmente sob o título "Jogo de xadrez: representando a violência para crianças". Estudos de Literatura Brasileira Contemporânea, v. 29, 2007, p. 87-97. Disponível em https://periodicos.unb.br/index.php/estudos/article/view/9119. Uma versão em inglês, modificada e expandida integra o dossiê "Children, Childhoods, and Everyday Militarisms" do periódico internacional *Childhood. A journal of Global Research*. Marshall Beier e Jana Tabak (Eds.). Volume 27, issue 3, UK: Sage, 2020, p.413-426. Copyright © [2020] (Rosana Kohl Bines). DOI: 10.1177/0907568220924105

© Rosana Kohl Bines 2022
© Numa Editora 2022

CIP-BRASIL. CATALOGAÇÃO NA PUBLICAÇÃO
SINDICATO NACIONAL DOS EDITORES DE LIVROS, RJ

B612i

Bines, Rosana Kohl
Infância, palavra de risco / Rosana Kohl Bines. - Rio de Janeiro : Numa Editora, 2022.
276 p. ; 14cm × 21cm.

Inclui bibliografia.
ISBN (Numa Editora): 978-65-87249-48-3
ISBN (Editora PUC-Rio): 978-65-88831-44-1

1. Literatura brasileira. 2. Crítica literária. 3. Infância. I. Título.

2022-61 CDD 869.909
         CDU 821.134.3(81).09

Índice para catálogo sistemático:
1. Literatura brasileira: Crítica literária 869.909
2. Literatura brasileira: Crítica literária 821.134.3(81).09

Elaborado por Odilio Hilario Moreira Junior - CRB-8/9949

contato@numaeditora.com
@numaeditora
numaeditora.com

Este livro foi composto em Praktika Sans (títulos) e Quadraat Pro (textos) e impresso em papel Pólen soft 70g.